ROULER PLUS VITE
QUE LA MORT

PHILIPPE BRUNEL

ROULER PLUS VITE QUE LA MORT

BERNARD GRASSET
PARIS

Photo couverture : © Gérard Rondeau / VU'

ISBN : 978-2-246-81264-7

« Le spectacle n'est pas un ensemble d'images mais un rapport social entre des personnes, médiatisé par des images. »

Guy DEBORD.

« Aucun homme n'est assez riche pour racheter son passé. »

Oscar WILDE.

«Je voulais juste te dire… si demain, tu apprends que j'ai eu un accident ou que je me suis suicidé, n'en crois rien.»

Istvan VARJAS,
Rome, novembre 2016.

Paris, décembre 2010.

La rue du Bac bruissait des premières rumeurs du jour. Du ronflement insomniaque d'un taxi à l'arrêt, moteur en marche, des râles d'un chauffeur livreur étouffés par le raclement des poubelles sur le bitume, dans le rituel urbain des bennes à ordures. La lumiere de l'aube, bientôt, viendrait tamiser de son voile les facades en enfilade des ministères voisins. Ce matin-là, je dormais d'un sommeil léger quand mon portable s'est mis à vibrer. Du bras je tâtonnais dans le vide, cherchant l'interrupteur. Sept heures à peine. Au bout du fil, une voix grave, éraillée, au phrasé lent avec un accent slave d'Europe centrale. Un certain Laslo.

Il me contactait de la part d'Istvan Varjas.

« Varjas, ça ne vous dit rien ? Lui vous connaît... » Sans me laisser le temps de répondre, il m'avait précisé l'objet de son appel.

« Istvan a des informations à vendre ... ».

Mon interlocuteur avait ajouté d'une voix plus contenue, presque douce :

« C'est au sujet des vélos à moteur. »

Je me demandais pourquoi Varjas n'appelait pas lui-même quand Laslo se lança dans le court récit d'un homme aux abois. Varjas traversait une mauvaise passe. Il s'était refugié au Cameroun et reconverti dans l'import-export d'huile de palme, à l'abri du fisc et de ses créanciers.

« Il est dans un hôtel à Limbe et disposé à venir à Paris, autant vous prévenir, il faudra lui payer son billet.

— Et pourquoi moi ?

— Il vous a trouvé très correct la dernière fois, quand vous l'avez rencontré à Bâle. J'ai aussi pris des renseignements sur vous à Monaco. »

Il m'avait parlé d'un ancien banquier belge, d'un agent de coureur, de gens très intégrés dans le monde du cyclisme que j'avais croisés pour les besoins d'un reportage. Je ne perdais rien de ses propos. J'avais même commencé à griffonner quelques notes. Des bribes d'une histoire à tiroirs où des vérités recouvraient d'autres vérités. D'après lui, des coureurs utilisaient les nouvelles ressources de la technologie pour frauder. « Ces types et ceux qui les entourent sont sans scrupules, croyez-moi, ils ne pensent qu'à l'argent, le ver est dans le fruit. Et ce petit manège dure depuis longtemps... »

J'étais pris de court. Mon journal n'avait pas pour habitude d'acheter des informations. En accepter le principe, c'était mettre le doigt dans un engrenage pervers, créer un précédent, le pli serait pris. Je me souviens avoir dit : « Je vais en parler à mon directeur, je doute qu'il soit intéressé... » J'avais ajouté : « Si Varjas a des révélations importantes à faire, qu'il les fasse sans contrepartie, ce serait la meilleure chose... »

Laslo s'était raclé la gorge. Il respirait lourdement.

« Réfléchissez bien, un journal de Genève est sur les rangs, c'est un gros dossier, ça fera du bruit quand on le publiera. »

Avant de raccrocher, il avait lâché un nom.

Celui de Lance Armstrong

C'est ainsi que tout a commencé, par ce coup de fil inaugural, lapidaire, dans les replis brumeux d'une nuit d'hiver. Cette histoire, je ne l'ai pas voulue, ni fabriquée, elle m'est tombée dessus, par effraction.

Le lendemain, je m'étais remis à l'écriture d'un roman sur la claustration d'une actrice italienne, repliée pendant vingt ans dans son appartement de Ladispoli, au nord de Rome. J'avais promis à mon éditeur de lui remettre le manuscrit avant Noël mais j'étais perturbé, le fantôme d'Armstrong revenait me hanter. Tout en écrivant, je sentais son regard d'iguane posé sur moi.

Un dimanche d'octobre 2016, à Budapest.

Dans l'après-midi, pour tuer le temps, j'avais traîné dans les allées du parc de l'Institut thermal. Mais il faisait si froid que j'avais fini par me réfugier dans le seul établissement ouvert du quartier, le Varosliget Café, proche de la patinoire où je l'attendais sans impatience. Derrière les baies vitrées, un groupe de jeunes filles tournoyait sur la glace comme au ralenti. Elles portaient des bonnets en laine, des anoraks en duvet de couleur crème et des collants noirs. Leurs rires me parvenaient assourdis. Plus loin, au-delà de la patinoire, par-dessus une frondaison de marronniers, la lune répandait des pâleurs de projecteur sur le fronton gothique d'un bâtiment administratif.

Il était dix-neuf heures.

J'étais maintenant le seul client. Dans la salle, les serveurs s'activaient à débarrasser les tables et l'employé derrière sa caisse me jetait des regards ennuyés, sans indulgence. Je n'osais pas commander une autre consommation. La seule pensée de devoir l'attendre au-dehors dans les allées du parc me faisait frissonner.

Je me rassurais en me disant que Varjas n'allait plus tarder.

Oui, bientôt, dans la lumière déclinante, la patinoire ne serait plus qu'une masse noire, laquée, plongée dans l'obscurité.

Qu'est-ce qui m'avait entraîné là, dans ce café ? Les nécessités du métier, sûrement, l'envie de démêler cette histoire de moteur et de façon plus impérieuse, je crois, un besoin irraisonné de tirer au clair certaines choses du passé. Aujourd'hui encore, je ressens la difficulté de raconter cette histoire avec sa cohorte de personnages opaques, intrigants, son fatras de coïncidences. Comment l'articuler, la nommer ?

Ce n'est pas un roman, pas un récit mais une sorte de collage, une juxtaposition d'images, de circonstances dont Istvan Varjas est le seul lien apparent.

C'est vers lui que tout converge.

« Je vais conduire, avait-il renchéri, les routes par ici sont très mal éclairées. »

À peine m'avait-il salué, nous avions pris la route de Pécs où il vivait, à deux heures de là, plus au sud.

Mieux valait ne pas traîner dans la campagne, on trouverait du givre et du brouillard.

Je le revois au volant de son Audi, le chauffage poussé à fond, me parlant des controverses qui enflaient sur les vélos à moteur. Le mal était très étendu et tout finirait par se savoir. « Ils peuvent faire tout ce qu'ils veulent pour masquer les choses, un jour ou l'autre, quelqu'un parlera. » D'une main, il corrigea l'angle du rétroviseur. Sa voix se fit plus grave.

« Cette fois, m'a-t-il dit, ils enquêtent sérieusement.

— Qui ça, ils ?

— La CBS, ils sont venus ici en juin… »

En avril, un producteur de « 60 minutes », l'émission phare de la chaîne américaine, l'avait contacté. Il était prêt à se déplacer jusqu'en Hongrie et à le rétribuer pour ses services s'il en était d'accord mais ça devait rester confidentiel. Ils voulaient l'interviewer et filmer les lieux où il avait assemblé, mis au point son prototype. Ils semblaient si bien renseignés qu'il en avait déduit qu'ils s'étaient peut-être greffés sur l'enquête fédérale que les agents du FBI menaient en parallèle et pour laquelle il avait répondu à de nombreuses questions, sous serment, par vidéoconférence, en tant que témoin informé des faits.

L'agent du FBI qui l'avait interrogé avait voulu savoir à qui il avait vendu son prototype et il avait répondu qu'il n'en savait rien.

Il avait dit la même chose, en « off », aux producteurs de la chaîne américaine, Oriana Zile et Michael Rey, mais ils n'avaient pas semblé le prendre au sérieux.

Une certitude : le cercle se resserrait autour d'Armstrong.

La CBS devait avoir de nouvelles cartes en main pour s'autoriser un si long voyage. Le réceptionniste de l'hôtel Aria, un cinq étoiles proche de la Basilique, n'en était pas revenu. Un matin du mois de juin, il avait vu débarquer toute une troupe, un staff de onze personnes, cameramen, techniciens, producteurs et le célèbre Anchorman Bill Whitaker, connu pour ses reportages en Afghanistan et pour ses interviews musclées de Barack Obama. Ils étaient arrivés en ordre dispersé, les uns de New York, d'autres en droite ligne du Canada, de l'Afrique du Sud. Ils étaient restés six jours à l'hôtel, à quatre cents dollars la nuit, le temps de collecter un flot impressionnant d'images, de lieux répertoriés par un travail préalable d'investigation.

«Les voir arriver à Pécs avec leur camion et tout leur barda avait quelque chose d'irréel.»

Devant nous, la route filait tout droit dans la nuit brune. Varjas conduisait d'une main sûre mais fixait le rétroviseur, chaque fois qu'une voiture nous talonnait, comme s'il craignait d'être suivi.

«Ça a dû leur coûter une fortune, m'a-t-il dit, des centaines de milliers de dollars.»

Il ajouta:

«Et ces gens-là ne dépensent jamais leur argent pour rien...»

Il m'apprit qu'il avait séjourné lui aussi à l'hôtel Aria où la production lui avait réservé une chambre. Whitaker, front haut, large, dégarni, œil brillant aux aguets, allure de pasteur presbytérien, lui avait fait l'impression d'un homme «énergique, intelligent, plein d'assurance». C'est à l'hôtel que l'interview avait eu lieu. Plus de cinq heures en deux séances. Ensuite, il les avait emmenés à Pécs par cette nationale 6 qui s'évasait devant nous dans le pinceau des phares.

Un jeune type de Budapest les accompagnait et leur servait de guide et d'interprète. Un «cheval obscur» ? Il entendait par là un policier ou un suppôt des services secrets, un de ces espions recrutés sur le tas pour leur jeunesse parce que alors, la vie n'a pas eu le temps de les corrompre. Ce guide ne lui avait jamais adressé la parole, ce qui avait réveillé chez Varjas un vieux fond de méfiance et de paranoïa, un septième sens censé le protéger, comme une rouille indélébile.

«Un type bizarre, oui vraiment…», avait-il murmuré comme pour lui-même.

Whitaker avait tenté, obstinément, de lui faire dire qu'il connaissait Armstrong et que c'était bien au Texan qu'il avait vendu son prototype au mois de septembre 1998. Le journaliste s'appliquait à rationaliser, à conjuguer des histoires disparates, en quête du chaînon manquant. Istvan avait maintenu sa version : un de ses amis avait négocié en son nom la vente du prototype, en échange d'une forte somme d'argent. Il ne connaissait ni l'identité de l'acquéreur, ni la provenance de l'argent et ne s'en était jamais soucié.

«J'ai vendu un brevet, m'a-t-il dit, de ma conception, le reste, l'utilisation qu'on a faite de mon moteur, je n'en sais rien…»

Pour autant, Whitaker voulait en apprendre davantage, savoir si ce moteur, il comptait l'utiliser lui-même…

« Car vous avez couru, n'est-ce pas ? lui avait-il demandé.

— Oui, il y a longtemps, avait répondu Varjas.

— Et ce moteur, c'était pour vous en servir que vous l'avez conçu ?

— J'en avais l'intention… mais je vous l'ai dit, ce prototype, je l'ai vendu, après on m'a payé. Et on m'a dit d'oublier. C'est ce que j'ai fait.

— Et vous n'avez jamais regretté ?

— Non, jamais, dans ce milieu, tout finit par se savoir, dix ou quinze ans plus tard, quelqu'un a toujours une bonne raison de parler, quelqu'un qu'on a blessé, offensé, sans même s'en rendre compte… »

Un temps.

« Et j'ai des enfants. Je n'aurais pas aimé qu'ils apprennent un jour que leur père avait triché.

— Armstrong, lui, était-il capable de tricher à ce point ? »

Whitaker insistait, tournait autour du pot, de ce doute qui fondait toute l'enquête et sa présence à Budapest, cherchant une preuve que Varjas ne pouvait lui donner. À la fin de l'interview, à voir son air chagriné pendant qu'il dégrafait son micro, en époussetant d'un geste sec le revers de son blouson de cuir fauve, il était patent que Whitaker n'avait pas obtenu ce qu'il espérait. « Il m'a dit, je n'aimerais pas être avocat et devoir vous arracher des choses, des aveux devant un tribunal... Mais ils s'attendaient à quoi ? Ils viennent, ils m'interrogent, je réponds. Après, ce n'est pas à moi de prouver les choses... »

En contrepartie il leur avait proposé de visionner pour eux l'ascension de Sestrières. C'est sur cette montée, dans le Tour 1999, que le Texan avait assis son règne. Qu'ils lui laissent le temps de procéder à des calculs, de convertir sa pédalée, sa vitesse ascensionnelle en puissance-watts, ce n'est qu'après qu'il pourrait leur dire si « des anges poussaient Armstrong dans les cols », c'est l'expression qu'il avait employée. De toute évidence, ces gens de la CBS voulaient « se payer le Texan », lui porter un dernier coup de poignard, le coup de grâce. D'ailleurs, ils avaient sûrement déjà radiographié sa pédalée par l'image ou par ultrason, en isolant le son émis par son pédalier grâce à un appareil digital sophistiqué. Il en existe plusieurs modèles, capables d'éliminer les parasites et de neutraliser les bruits environnants. Ce travail préalable, ils avaient dû le faire. Et ils tablaient maintenant sur lui pour recouper leurs informations, étayer leur conviction et s'immerger sans filtre dans l'univers sophistiqué de la haute technologique appliquée à la course cycliste, ainsi ils parviendraient à creuser, décortiquer le mensonge Armstrong pour l'extirper des consciences américaines comme on arrache un mauvais chiendent.

Ensemble, ils avaient recensé les raisons qui auraient pu conduire le Texan à frauder.

« Nous avons tout passé au crible, tout sans exception, m'a-t-il dit.

— Et alors ?

— Je leur ai conseillé d'interroger les ingénieurs du vélo Trek qui ont dessiné le fameux modèle 5002, qu'Armstrong utilisait sur le Tour. Eux doivent savoir. »

Il s'était aussi engagé à placer un moteur dans ce même cadre, ainsi ils pourraient démontrer à l'antenne que cette fraude était possible et ne relevait pas d'un fantasme.

Une semaine plus tard, il recevait par courrier un cadre Trek, modèle 5002, acheté sur eBay, de couleur bleu, rouge et blanc, à l'état neuf, qu'il équipa d'un moteur en moins de trois jours, pour leur prouver son efficacité opératoire. Le travail achevé, il s'était empressé de leur poster une vidéo témoin.

Tout en conduisant, il avait sorti son portable de sa poche et m'avait montré la vidéo.

Au premier regard, rien de très expressif.

Ce n'est qu'une image, fixe, graphique, l'image d'un cadre de vélo de marque Trek, perché sur un chevalet, sur fond gris. Le cadre est nu. Sans selle, ni roues, ni guidon. Seulement muni d'un pédalier. L'ensemble ne montre rien d'autre que ce cadre de vélo figé dans son immobilité. Puis l'instant photographique bascule imperceptiblement dans le rêve, le pédalier s'active et se met à tourner, tourner, frénétiquement, commandé à distance par une main invisible. Devant l'image du pédalier déchaîné, je n'avais pu m'empêcher de plaquer en filigrane l'autre vision refractée, sidérante, d'un Lance Armstrong avalant sur un rythme effréné les dernières rampes de Sestrières en 1999.

Jamais un coureur n'avait tourné les jambes aussi vite en montagne.

Oak Cliff, Texas, dans les années 1970.

Il s'appelait Lance en hommage à Lance Rentzel, la star des Dallas Cowboys, qui sera chassé de son équipe et qu'on obligera à démissionner en 1970, pour s'être exhibé nu devant une fillette de dix ans.

Lance avait sept ans quand sa mère Linda Mooneyham lui offrit son premier vélo, un Schwinn Mag Scrambler de couleur marron avec des roues à jantes jaunes, acheté au Richardson Bike Mart.

Le propriétaire du magasin s'appelait Jim Hoyt. C'était un ancien cycliste et vétéran du Vietnam. Il avait la réputation de sponsoriser de jeunes champions locaux.

Hoyt leur avait accordé une remise.

Des liens indéfectibles unissaient Lance à sa mère, une petite femme blonde plutôt jolie, d'un mètre soixante et un pour cinquante kilos à peine, qui l'avait eu à dix-sept ans. Lance la considérait à la fois comme son inspiratrice et une confidente intransigeante qui s'appliquait, disait-elle, à « transformer chaque obstacle en opportunité ».

Dans la journée, Linda était employée chez Ericsson. Le soir, pour améliorer l'ordinaire, elle faisait des extras comme serveuse chez Fried Chicken ou comme caissière dans un supermarché.

Ils habitaient dans un studio à Oak Cliff, la banlieue nord de Dallas, ce haut lieu d'un Texas caricatural où règne encore l'esprit du Far West. Dallas, c'est aussi le tertre ensanglanté, en novembre 1963 sur le Dealey Plaza, par l'assassinat de John F. Kennedy, un mythe américain écorné, prescrit par divers témoignages et comptes rendus d'écoute du FBI.

Son père, Eddie Charles Gunderson, livreur au *Dallas Morning News*, les avait abandonnés quand Lance avait deux ans, en renonçant à ses droits parentaux. Cela faisait donc plus de vingt ans qu'il n'avait plus donné de ses nouvelles quand il réapparut en 2004, après la sixième victoire de son fils dans le Tour de France, pour démentir qu'il battait Linda. Que des « bullshit » ! Un journal néerlandais, l'*Algemeen Dagblad*, avait acheté son histoire. Sur la photo, Gunderson, carrure de catcheur, pose en débardeur, ventripotent, épaules grasses et tombantes, en lisière d'un jardin en friche à l'image de sa vie. Sa barbe est hirsute, son regard vitreux, rongé par l'alcool.

Sa mère Linda s'était remariée en 1974 avec Terry Keith Armstrong qui avait adopté Lance et lui avait donné son nom. Catholique intolérant et violent, Terry avait la sale habitude de battre Lance à coups de pagaie pour des motifs dérisoires, parce qu'il laissait traîner des chaussettes ou des préservatifs. Parvenu à l'âge adulte, Lance l'avait répudié « à grands coups de pompe dans le cul » et ne l'avait plus revu. Terry, dira-t-il par la suite, lui avait au moins appris une chose : « à détester quelqu'un ».

D'où son manque d'empathie pour autrui, et son aptitude à désentimentaliser la vie. Maintenant, pourquoi avait-il conservé le nom de ce beau-père qu'il haïssait ?

« Parce qu'il était trop tard pour en changer », dira-t-il.

Les circonstances en avaient décidé ainsi.

Reste ce nom. Un nom de scène, ajusté à cette vie d'emprunt qui serait la sienne désormais, ce beau nom d'Armstrong résonnant au-delà des affects dans ses atours subliminaux, comme le symbole fort, irrévocable, le sésame d'une Amérique conquérante à laquelle il désirait si fortement être associé.

Adepte du triathlon, Lance avait déjà falsifié sa date de naissance sur sa licence pour se confronter au champion Mark Allen dans la catégorie supérieure. Grâce aux primes et bien qu'adolescent, il parvint à gagner 20 000 dollars en une année. N'ayant pas trouvé de sponsor, il portait un maillot neutre avec cette inscription : « I love my Mum ». Bien sûr, il avait renoncé aux études. « J'ai cessé d'y aller à quatorze ans, expliquera-t-il plus tard, car je gagnais déjà pas mal d'argent. Aujourd'hui, c'est un manque mais c'était beau d'être jeune, de pouvoir voyager. Culturellement ça me faisait du bien… »

Au nom d'Armstrong.

En juillet 1969, le très photogénique Eddy Merckx avait inauguré avec panache l'ère des « directs télévisés» par une échappée solitaire de cent quarante kilomètres, un long plan séquence élégiaque dans la fournaise des Pyrénées, dans une éclatante concomitance avec le premier pas d'un certain Neil Armstrong sur la Lune.

Les deux événements restent étroitement liés.

L'alunissage d'Apollo 11 diffusé en direct, à l'heure prévue (le 20 juillet à 20h17'40") et sans décrochage ni brouillage d'image, venant contraster avec l'impossibilité pour cause de mauvais temps de retransmettre le Tour dans les brouillards du Tourmalet. Qui sait si là, déjà, le rêve ne l'emportait pas sur la réalité ?

Bâle, juin 2010.

Il m'avait donné rendez-vous dans un de ces hôtels aseptisés proches de l'aéroport où transite un monde en instance, stewards et hôtesses en uniformes, passagers somnolents harassés par des heures de voyage. Arrivé de Paris par le vol du matin, j'avais pris la navette qui dessert les aires de parking et les hôtels de proximité par ces voies mornes, ombilicales, qui s'enchevêtrent dans un labyrinthe bitumé dont nul ne perçoit jamais le dessin général. J'ignorais qui était Varjas. Nous nous étions seulement parlé par téléphone. Dans le hall de l'hôtel, c'est lui qui s'était désigné à moi, plein de prévenances. « Vous avez fait bon voyage ? Asseyons-nous… Vous voulez un café ? » Comment m'avait-il identifié, reconnu sans hésiter, dans ce va-et-vient de touristes aux bagages encombrants qui grouillaient dans le hall ? Au fait que je n'en avais pas ? J'étais venu sans rien, pour une interview. Un magnétophone en poche.

De forte stature, vêtu d'un jean, d'un pull gris caméléon à grosse maille, Varjas portait les cheveux courts à la manière d'un militaire. Il émanait de sa personne un sentiment de solitude et de crainte, qui se reflétait dans son regard, candide. Un regard d'enfant.

« C'est un peu insolite, cet endroit, me dit-il, mais je mène une vie compliquée. »

Il avait ajouté, comme s'il en éprouvait de la gêne :

« Je suis obligé de vivre à l'hôtel mais c'est momentané, ça ne va pas durer… »

Deux mois auparavant, Fabian Cancellara avait gagné le Tour des Flandres – le célèbre *Ronde Van Vlandereen* – en distançant l'icône nationale, le belge Tom Boonen sur les pavés rugueux du Mur de Grammont, sans même se lever de la selle. Le soir, en visionnant la course, Boonen avait chronométré la montée du Grammont pour s'apercevoir qu'il ne l'avait jamais gravie aussi vite.

Puis, en mai, le consultant de la Rai Davide Cassani (ex-coureur professionnel) avait évoqué avec toutes les retenues d'usage la possibilité d'une fraude technologique et, pour corroborer ses dires, exhibé à l'antenne un vélo à moteur, le spectacle saisissant d'un pédalier tournant seul, mû par un mécanisme invisible.

« C'est à peine croyable, s'était exclamé Cassani à l'antenne. Bien qu'ayant dépassé la quarantaine, avec ce vélo, je pourrais gagner une étape du Giro ! »

Varjas lui avait fourni le vélo. C'est lui qui dans l'ombre, à distance, actionnait le pédalier, en dehors du champ de la caméra.

Par une relation commune, j'avais appris qu'il en était le concepteur. Mais personne n'avait accès à lui ni ne pouvait se prévaloir de le connaître. Il y avait seulement des bruits, des rumeurs le concernant. On disait qu'il brassait des affaires et se livrait au marché noir. Les plus avisés de mes confrères le surnommaient « l'homme de Budapest », le « Hongrois » ou simplement « Stefano » car il avait, semble-t-il, vécu en Italie.

Et maintenant, il était là, devant moi, assis dans ce grand canapé capitonné de cuir rouge où nous avions pris place dans un angle du salon. Ambiance tamisée. Des abat-jour en opaline répandaient une lumière orangée. Varjas avait apporté un épais dossier, sanglé dans une chemise en carton, qu'il avait déposé sur la table.

Je le réentends m'expliquer les choses, sans que j'aie besoin de l'interroger, de sa voix monocorde et sans heurts, aux inflexions très douces, cette voix qui tranchait avec sa forte stature, ses mains larges et vigoureuses de lutteur et ce climat d'anxiété qui sous-tendait la discussion.

« Ce moteur, on en parle aujourd'hui, m'a-t-il dit, mais tout cela remonte à loin. »

Son premier prototype, il l'avait élaboré douze ans auparavant, en septembre 1998. Sept mois après, Lance Armstrong remportait son premier Tour de France.

Dès ce premier contact il m'avait mis dans la confidence sans aucun filtre, sans se défier du journaliste que j'étais, susceptible de révéler au grand jour ce qu'il fourbissait dans l'ombre.

« Ça m'a pris du temps, pas mal de temps », lâcha-t-il, en me fixant droit dans les yeux.

C'est en 1997, pendant l'hiver, qu'il avait conçu l'idée de greffer un moteur sur le pédalier de son vélo pour venir en aide aux personnes handicapées ou souffrant d'arythmie cardiaque. Certains de ses amis avaient perdu une jambe en Serbie pendant la guerre.

« Je voulais être utile, avait-il renchéri, je voulais qu'ils puissent continuer à faire du vélo comme avant. »

Il avait tout imaginé et financé.

La taille du moteur, sa forme cylindrique, son imbrication dans le tube selle-pédalier.

Au début, le moteur, muni d'un propulseur, était alimenté par une batterie en lithium dissimulée dans un bidon, le long du tube vertical. Puis il avait sophistiqué le système, qui pouvait être actionné par une calamite cachée dans les gants ou directement reliée au cardio-fréquence mètre que les coureurs portent sur le torse. Et ce n'est qu'en septembre 1998, à force d'acharnement et d'ingéniosité, qu'il était parvenu à miniaturiser le mécanisme. Sa batterie ne pesait plus que trois cents grammes pour deux centimètres de diamètre et quatre centimètres de longueur (« la taille d'une clé USB d'aujourd'hui »). Mais elle pouvait développer 140 watts pour une autonomie de cinq minutes.

Il s'était tout à coup rembruni.

« J'avais réussi, moi le petit artisan, moi tout seul, là où la grande industrie, avec tous ses moyens financiers, butait sur de multiples problèmes. »

Le soir même, dans l'avion du retour, je m'étais empressé de décrypter notre conversation en style télégraphique. Quelques éléments biographiques. Les résidus de son histoire.

Je les restitue ici, sans rien modifier.

Istvan Varjas grandit à Pécs, au sud de Budapest, dans la Hongrie communiste.

Il y habite avec sa famille depuis cinq générations, là-bas on les appelle des « tuke ».

Père ingénieur en mécanique à la Dedasz, la compagnie nationale d'électricité.

Mère, professeur d'histoire de l'art.

Son grand-père, Istvan Varjas Weigand, architecte renommé, était le directeur du premier lycée technique du pays.

Varjas : « Il a projeté, construit l'église de Vasas, un village voisin, beaucoup de livres le citent en référence. »

À quatorze ans, Istvan se découvre un don précoce pour la physique et les sciences magnétiques. Et rêve d'être coureur cycliste.

Il est licencié au PMSC, le club de Pécs.

« C'était la seule façon d'avoir un vélo à soi. Quand tu prenais une licence, le club t'en fournissait un, c'était la règle. »

Sa grand-mère Margitt lui taille des cuissards dans des tissus de confection, des culottes qu'elle rapièce jusqu'à l'usure. Lui s'occupe de réparer, recoudre ses boyaux.

Remporte des titres de champion de Hongrie sur piste.

Et sur route, des classements annexes, assortis de primes.

« Mais on n'en voyait jamais la couleur, le chef de notre délégation nous les confisquait. »

Avec la sélection nationale, il voyage en Allemagne (il dit encore en RFA), en Autriche. En Italie aussi.

Il en rapporte des tenues cyclistes et des revues spécialisées, encartées des posters d'Eddy Merckx et Greg LeMond qu'il punaise dans sa chambre d'enfant.

« Cela peut sembler ridicule de dire ça aujourd'hui, mais j'ai été le premier coureur en Hongrie à porter des maillots colorés, plus seyants que ces tuniques unies, rouges ou grises, qui venaient d'Allemagne. »

Il y avait des blancs sur la bande-son, recouverts par le brouhaha de l'hôtel.

Souvent il s'arrêtait de parler et jetait des regards circulaires en direction du hall d'entrée comme s'il s'attendait à voir quelqu'un surgir.

Une semaine auparavant, des types avaient fracturé le haillon arrière de sa voiture dans une rue de Bruxelles et lui avaient dérobé un prototype mais pas seulement : des plans, des manuels avaient disparu. « Des notes, des schémas, des choses difficiles à comprendre. »

Il repoussait l'hypothèse d'un acte d'espionnage.

Pour autant, il ne dormait plus chez lui mais à l'hôtel ou dans sa voiture, sur des aires de repos, des parkings. Squattait chez des amis. « Il y a tellement d'intérêts en jeu que je préfère rester prudent », avait-il lâché. J'avais cru comprendre qu'il avait des enfants et que ses enfants lui manquaient. Maintenant, pourquoi me confiait-il ses secrets, quand son commerce reposait sur la confidentialité ? Pour conserver la propriété intellectuelle de son invention ? La préserver de toute interférence ? Pour apaiser en lui ce conflit intérieur, cette dualité incommode entre l'inventeur et le commerçant, le physicien et l'ancien coureur, amoureux d'un sport dont il bafouait les règles ? Et qu'il était peut-être en train de pervertir ? Il y avait en lui une forme de noirceur sur laquelle je ne saurais mettre des mots.

Comme s'il lisait dans mes pensées, il m'avait lancé :

« Bien sûr, je vous laisse faire le tri, certaines choses doivent rester entre nous. »

J'avais esquissé un signe de tête.

Je savais garder un secret. En même temps, j'avais besoin de comprendre. Je lui avais alors posé la seule question qui me taraudait l'esprit. Des coureurs renommés utilisaient-ils son invention ? Son fameux moteur ?

« Vous voulez dire en course ?

— Oui. »

Il avait reformulé la question.

« Demandez-moi plutôt si un coureur a pu détourner mon projet… Ça, oui, c'est possible… »

C'est alors qu'en *off*, il m'avait éclairé, édifié sur les coulisses d'une vaste mystification. À la fin de l'année 1998, quelqu'un lui avait acheté son idée, quelqu'un qu'il ne connaissait pas. Un de ses amis avait servi de médiateur et, six mois plus tard, ce même ami lui avait remis trois cent mille dollars en cash, serrés dans une enveloppe de papier kraft. De quoi rentrer largement dans ses frais. « Mais le paysage a changé », des fraudeurs se sont incrustés sur le marché. Il n'était plus le seul à concevoir des moteurs. « Et les tricheurs ont le champ libre, croyez-moi, avait-il insisté, ils ont de belles années devant eux. »

L'Union cycliste internationale – l'UCI, l'organe suprême du cyclisme – envisageait d'acheter un scanner mais, quand je lui en fis la remarque, il ne put s'empêcher d'en rire. Ces scanners ? Pour lui ce n'était qu'un artifice politique. Un gadget inutile, dérisoire, inadapté aux nécessités du moment.

« De la foutaise, oui, de la poudre aux yeux, avait-il pouffé, pour montrer qu'ils agissent. »

Plus tard, sur le parking de l'hôtel, il avait ouvert les deux battants de sa fourgonnette aux vitres fumées et en avait extrait un vélo motorisé camouflé sous d'épaisses couvertures en laine. J'avais aussitôt reconnu le prototype au cadre rouge que Cassani avait montré à l'antenne. Varjas l'avait soulevé de terre, et avait pressé avec le doigt une pastille invisible à l'œil nu, cachée sous la gaine des poignées de frein. Le pédalier s'était mis à tourner, à tourner, seul.

Paris, février 2011.

Après le coup de fil de Laslo, le directeur de mon journal me chargea d'organiser une rencontre dans un restaurant porte de la Muette. Il ne fallait rien négliger. Et si Armstrong avait triché plus qu'il ne l'avait avoué ? Pendant le dîner, Varjas avait évoqué ses recherches, son escapade mouvementée au Cameroun et nous avait projeté sur son iPad la vidéo saisissante d'un cyclotouriste lancé à pleine vitesse dans les encombrements de Budapest. Filmée de l'intérieur d'une voiture, l'image se fixait sur l'aiguille du compteur qui oscillait entre 80 et 90 km/heure et simultanément sur le cyclotouriste qui pédalait sous une pluie fine, les deux pans de son K-Way flottant au vent. On le voyait se faufiler au milieu du trafic sans effort, comme sous l'effet d'un Time Lapse, ce procédé cinématographique datant du muet avec lequel on obtient un effet burlesque en accélérant les images. Tout en commentant la vidéo, Varjas nous livrait des clés, quelques remarques allusives. Rien de très clair. Et quand je le sondais sur ces informations qu'il disait vouloir vendre, à propos d'Armstrong, il biaisait ou changeait d'argument et la conversation retombait dans une certaine inertie. Subissait-il des pressions qui le retenaient d'en dire plus ? Laslo avait-il outrepassé son rôle ? Grossi la vérité ? Quelque chose sonnait faux. J'en arrivai à m'interroger sur Varjas. Était-ce vraiment lui l'ingénieur ? Quel homme se cachait derrière le personnage ? Un physicien génial ou un bricoleur inspiré ? Le pion d'un vaste réseau ? Un représentant de commerce surmené aux mains d'un commanditaire ?

Sentant confusément qu'il devait nous donner un gage de sa bonne foi, Varjas nous rappela à la fin du repas qu'il avait reçu, en échange du moteur, une forte somme d'argent versée par des intermédiaires. Mais nous avions déjà compris qu'il n'en dirait pas plus.

« Qu'est-ce qu'on peut faire, alors ? avait relancé mon directeur, navré par la tournure de la soirée.

— Je n'ai pas de preuve, avait bredouillé Varjas, mais je peux vous donner des indications, des pistes... »

La nuit était déjà bien avancée quand nous avons quitté le restaurant. Le ciel de Paris, gorgé d'humidité, se teintait d'une couleur grise, laiteuse. Nous les avions raccompagnés jusqu'à la file des taxis. On allait se séparer sur un curieux malentendu quand Laslo me prit à part, par le bras. « Laissez-le mariner un peu, me souffla-t-il dans l'oreille tout en désignant Varjas du regard. Soyez patient, il faudra bien qu'un jour il se délivre de tout ça... »

Des semaines s'écoulèrent, silencieuses, rythmées par ses appels désordonnés. Varjas me téléphonait à l'improviste pour m'informer des nouvelles applications technologiques en cours. Souvent il me consultait. Qu'est-ce qu'il se disait dans le milieu ? Parlait-on des moteurs ? Et les grands penseurs de l'Union cycliste internationale ? Pourquoi ne réagissaient-ils pas ? Ces incroyants, ces sceptiques, aveuglés par leur esprit d'appartenance, qui avaient mis des années à comprendre que l'EPO modifiait la nature d'un champion, sa carte génétique, son ADN. Étaient-ils conscients qu'un nouveau danger menaçait ? « Ils rejettent tout ce qui les dérange, maugréait-il au téléphone, c'est assez classique, ils savent que le public préférera toujours la fable à la réalité. » Étrangement, il leur en voulait de laisser la situation en l'état, alors même qu'il s'ingéniait à les duper avec ses inventions. Varjas était bourré de contradictions.

Oscillant entre l'invisible et le paraître, la tentation de l'ordre et du désordre.

Et doué d'ubiquité.

Toujours affairé, débarquant à l'improviste, comme ce jour, à Marghera, la zone industrielle de Venise.

Je l'avais retrouvé sur le pas de porte d'un artisan sableur d'où il était ressorti, un cadre en carbone à la main « pour un client américain. Rassure-toi, un tout petit coureur », s'était-il dédouané, sans autre explication, gardant le secret sur ses activités.

Il y eut aussi, cet autre jour, à Bruges, un ancien vainqueur de Paris-Roubaix qui avait testé un de ses prototypes, en catimini, à la nuit tombée derrière la Boeveriestraat, sur une petite place étroite, coincée entre une église et un commissariat de police.

Je revois ce champion du passé en costume de ville rouler à toute vitesse, cravate au vent, je le revois à sa descente de vélo, blanc comme un linge, imaginant déjà cette arme machiavélique dans les mains de certains coureurs. Et Varjas toujours aussi impénétrable, là sans être là, marmonnant de vagues explications.

Nous avions dîné dans un restaurant de la Market Place ; devant un plat de saumon froid et de filets de harengs marinés, il m'avait instruit sur l'inutilité de sonder les cadres des vélos. Désormais, c'était dans les roues que les moteurs se nichaient.

« Dans les roues ?

— Oui … dans le moyeux des roues. »

Il hocha la tête.

« J'ai réussi à loger un moteur dans le moyeu d'une roue arrière. Ça marche aussi avec un champ magnétique caché dans la jante. »

Il avait sorti une enveloppe de sa poche, l'avait décachetée et m'avait tendu deux photos en couleurs.

« Tenez, conservez-les, ne les diffusez pas, on ne sait jamais, un jour vous en aurez peut-être besoin. »

Je comprenais qu'il était possible de produire 30 à 40 watts de puissance par le moyeu d'une roue, plus que suffisant pour créer des écarts en montagne. Et rien de plus simple en course que de substituer une roue à une autre, en feignant une crevaison. « D'ailleurs, vous l'avez sûrement remarqué, avait-il ajouté, on voit de plus en plus souvent de grands leaders changer de roue, au pied des cols... »

Les risques étaient minimes. Les commissaires de l'UCI ne contrôlaient jamais les roues, relança-t-il, sinon ils se seraient aperçus, rien qu'en les soupesant, d'une différence de poids notable, de huit cents grammes à un kilogramme.

Il disait puiser sa clientèle à Monaco auprès de quelques managers de grandes formations liées au World Tour, disposant d'un vrai pouvoir d'achat. Car il fallait nécessairement avoir de l'argent pour acquérir ce matériel sophistiqué de contrebande. Un vélo à moteur coûtait entre cent et cent vingt mille euros. Peu de chose si l'on songe qu'à la bourse des transferts, une victoire dans une classique équivalait à un contrat brut, annuel, d'un million cinq cent mille euros.

Le jeu en valait la chandelle.

Pour Varjas, le procédé était simple. On lui amenait un cadre, une roue, il perçait, sciait, introduisait le moteur et ressoudait l'ensemble ré-émaillé dans la couleur initiale.

Tout ce commerce nouait en lui de fortes contradictions, surtout quand il évaluait sa responsabilité de scientifique et les possibles applications mortifères de ses inventions.

Il m'apprit que la veille de notre rencontre à Bâle, en juin 2010, il s'était rendu à Aigle, en Suisse, au siège de l'UCI. Un des responsables du département « Sport et technique » l'avait reçu dans son bureau, ensemble ils avaient testé le prototype. Mais cette visite ne déboucherait sur rien. On lui avait surtout recommandé de ne pas ébruiter ni divulguer une information qui puisse porter atteinte à l'image du cyclisme. Plus tard, il avait reçu sur son compte autrichien des indemnités forfaitaires de déplacement supérieures à ce qu'il était en droit d'attendre, au point de percevoir dans cette largesse une intention voilée de l'amadouer, de le museler, lui et son secret.

Il était maintenant presque minuit. Le restaurant s'était vidé. Il s'était mis à pleuvoir sur la Market Place déserte. Dehors des cyclistes glissaient dans l'obscurité.

Nous sommes restés un bon moment sous l'abri d'un auvent. Varjas semblait ailleurs. Ces histoires remuaient en lui tout un passé. Ses jeunes années de coureur, ses cuissards rapiécés qui ballaient sur ses cuisses bien trop maigres.

C'était il y a longtemps. Une autre vie. Quand il rêvait encore d'être coureur.

Il était parti s'entraîner seul, à Tenerife, avec très peu d'argent en poche. Il n'avait que seize ans.

Chaque jour, il guettait Miguel Indurain et Pedro Delgado devant leur hôtel, et les suivait à distance sur les rampes du Teide, le volcan des Canaries où l'équipe Reynolds venait en stage.

Il les suivait jusqu'à épuisement.

Sa fédération l'avait emmené à Budapest passer le test Conconi – du nom du professeur de l'Université de Ferrara qui avait préparé l'Italien Francesco Moser au record de l'heure en 1984 – et ce test l'avait instruit sur ses capacités physiologiques. «J'avais un grand moteur, mais moi je l'avais dans mes gènes», avait-il ironisé.

Un grand moteur ?

550 watts de puissance en plein effort avec des pointes de 650 watts.

Le reste à l'avenant :

— un taux hématocrite naturel fluctuant entre 47 et 49.

— 7,5 litres d'oxygène au spiromètre, une capacité pulmonaire globale de 10 litres.

— un VO2 max de 92 pour 80 kg.

De deux points supérieur à celui d'Armstrong.

En 1986, le Texan avait abandonné le triathlon pour le cyclisme sur route. Il courait sur une bicyclette Mercier, la marque de Saint-Étienne. Greg LeMond vient de gagner le Tour. Il est devenu son idole. Avant lui, jamais un Américain n'aurait pensé s'inscrire au palmarès de la grande boucle. «Les magazines l'avaient élu sportif de l'année, ça m'avait terriblement impressionné», avouera-t-il.

En 1990, grâce à sa victoire dans un contre-la-montre à Moriarty (Nouveau-Mexique), il est sélectionné pour le championnat du monde junior à Krylatskoie, en Russie. Parcours inepte, en forme de *scenic railway*. Un premier défi au niveau international que le jeune Armstrong relève à sa façon, brouillonne, désordonnée, par une longue échappée solitaire vouée à l'échec. Il est rejoint à cinq kilomètres de l'arrivée, se classe soixante-treizième à quatre minutes du vainqueur dont l'histoire n'a pas retenu le nom.

À trois cents mètres de la ligne, une chute collective avait pénalisé un jeune Hongrois inconnu, Istvan Varjas.

Aux dires du sélectionneur américain, Chris Carmichael, Armstrong était impulsif, immature et fruste, « incapable en course d'élaborer la moindre stratégie ». Pour accélérer son évolution, il l'avait convaincu de s'installer à Brunate, en Italie, dans la région de Côme, où résidait l'équipe Motorola dans laquelle il passera professionnel en 1992.

À propos d'Istvan.

Varjas naît le 18 mars 1971, à Pécs, une ville universitaire de trente mille habitants, réputée pour ses trésors architecturaux, sa cathédrale, son ancienne médina, son dôme en ardoise, sa bibliothèque – la plus vieille d'Europe, créée en 1367 – et le musée dédié à l'artiste peintre et plasticien Viktor Vasarely.

De cinq à treize ans, il est élève à la Jokai, une école d'État. Il y côtoie des fils de famille appelés à des carrières florissantes de médecins et d'avocats. Mais Istvan ne suit pas le cursus ordinaire des jeunes de son âge, comme s'il refusait d'emblée toute forme d'homologation.

En rupture avec son milieu social, il choisit d'étudier l'électronique au lycée technique de la Zipernovszky.

Parallèlement, il s'est licencié au PMSC, le club cycliste de Pécs, et rêve de courir la Coupe du Mecsek dont le parcours était tracé « autour des blocs d'habitation » jusqu'au relais de la télévision.

Avec ses parents, ses frères, oncles et cousins, il passe les vacances d'été à Badacsony, sur la rive nord du lac Balaton qu'ils rejoignent en voiture, à bord du traghetto, à partir de Szantod. Il est curieux, avide de comprendre le pourquoi et le comment des choses. Pourquoi l'eau s'évapore ? Pourquoi l'ombre et le feu ? Pourquoi certaines matières se solidifient et d'autres non ? Pourquoi l'eau gèle plus que le mercure ? Qu'est-ce qui conditionne le vol de l'abeille ? Des rayons ? Des vibrations ? Quel instinct lui commande de se détourner d'un mur, au tout dernier moment ?

Et la lumière ?

Pourquoi voyage-t-elle dans le vide, la lumière ?

Il s'intéresse à Newton, à la dynamique des objets. Il pressent déjà que la vérité des choses nous est cachée, comme repliée dans un « arrière-monde » dont nul ne possède les clés. Son cousin Maier Tibor, physicien de formation, responsable de la gestion des radars pour l'Aéroplane hongrois, est passionné d'aéromodélisme. Pendant les mois d'été, l'adolescent l'abreuve de questions sur les propriétés du réel. Elles s'enchevêtrent les unes aux autres. Rien ne semble épuiser en lui ce besoin de tout mettre en correspondance. De Maier, il dit qu'il « avait réponse à tout ».

Sur ses bulletins trimestriels, ses professeurs de la Zipernovszky dressent dans leurs éloges le portrait d'un surdoué, iconoclaste, d'un esprit libre, enclin à réfuter toute théorie qui ne reposerait sur aucun fondement pratique.

À dix-sept ans, Varjas remporte le Concours national de physique des établissements secondaires.

Le journal local, le *Dunantuli Naplo*, lui consacre un article, intitulé « Le cycliste et le physicien ». L'article est illustré d'une photo qui le dévoile dans sa puberté, joues creusées, cheveux bouclés, œil malicieux. À l'époque, il ambitionne d'être admis en génie électrique à l'Université technique de Pécs. Parallèlement, il s'entraîne à vélo, à raison d'une « centaine de kilomètres par jour », ce qui lui prend, dit-il, tous ses après-midi.

Il souffre d'ailleurs d'une légère hypertrophie du cœur tant il se dépense.

« Et tu consacres combien de temps à la physique ? lui demande la journaliste.

— Quelques heures le week-end, dans les matières qui m'intéressent, l'électronique et la mécanique. Après, si j'ai le temps, je me rends au club des jeunes talents de Pécs et là je travaille un peu plus, une heure et demie chaque matière, pas davantage.

— Et quelle est ta moyenne en physique sur ton dernier bulletin ?

— 4,8 sur 5. »

Pour passer ce concours, il avait renoncé, la mort dans l'âme, à un déplacement en RFA, avec l'équipe nationale de cyclisme. En conclusion de l'article, son professeur d'éducation physique, Istvan Szabo, confirmait qu'Istvan était un « garçon à part », « déterminé ». Dont on entendrait parler.

Chaque année, la ville de Tata organisait un concours de physique en hommage au professeur Jozsef Oveges, titulaire du prix Kossuth. Il était parrainé par le conseil régional de Kamaron sous l'égide de l'Association des mathématiques Janos Bolyai.

En 1988, il rassemblait 153 élèves, issus de 28 lycées d'enseignement général et de 5 lycées techniques.

Dans le journal, on pouvait lire :

« Physique : 1er Istvan Varjas-29 pts (Lycée K. Zipernovszky, Pécs). »

Le résultat était agrémenté de ce bref commentaire :

« Lors des épreuves écrites de deux fois une heure, les candidats devaient résoudre trois exercices de mathématiques et trois en physique. Les solutions exigeaient relativement peu de connaissances mais beaucoup de créativité. »

Le jeune Armstrong comptait, parmi ses proches, un banquier de la Silicon Valley, Thomas Weisel, dont la société Tailwind Sports administrait l'équipe professionnelle de l'US Postal. Collectionneur d'art, propriétaire de plus de 700 toiles de maîtres (en 2002, il en vendit vingt et une en deux heures, chez Sotheby's, pour 33 millions de dollars), Weisel avait déjà financé une modeste formation, la

Subaru-Montgomery dont Armstrong était l'un des membres. Weisel était un symbole de réussite sociale. Dans sa préface à la biographie que Richard L. Brandt consacre à Weisel (*Life as an entrepreneur, financier, and athlète*, 2003), Armstrong lui attribue une part décisive dans sa propre élévation. « Sans cet homme, sa générosité, sa vision, je n'aurais jamais gagné le Tour. »

Leur relation, qualifiée de « fusionnelle » s'était resserrée en 1997, quand Weisel, d'abord très sceptique sur l'opportunité d'un come-back, l'avait récupéré dans l'équipe de l'US Postal qu'il avait créée en 1995. Le Russe Viaceslav Ekimov en était le leader et Mark Gorski, le team manager.

En 1998, conjointement à l'arrivée d'Armstrong, Weisel avait signé un accord de partenariat avcc les cycles Trek.

Le contrat d'Armstrong, géré par la société de Gorski, était modeste, mais assorti à la demande du Texan de primes substantielles, mille dollars pour chaque point UCI gagné (en cyclisme, les meilleures équipes participent au World Tour dont les épreuves génèrent des points UCI attribués à chaque coureur, en fonction de son classement). Un barème prohibitif pour le budget de l'équipe, que Weisel s'était engagé à régler sur ses propres deniers. C'est Armstrong qui raconte :

« Thom s'en était mordu les doigts car à la fin de la saison, il avait dû me verser plus d'un million de dollars, nous, on en riait, lui, il m'appelait fils de pute, c'est vrai que je lui coûtais beaucoup d'argent. »

Weisel intervenait très peu dans la vie de son équipe et ne se mêlait jamais des stratégies de course. Il s'exaltait chaque année à suivre une étape du Tour dans la voiture de Johan Bruyneel, au cul du peloton.

Pour lui, comme pour Armstrong, la vie n'était rien d'autre qu'une vaste compétition.

En février 1989, Istvan Varjas passe les épreuves de Sciences physiques sous l'égide du ministère de l'Éducation nationale et de la Faculté de formation des maîtres de l'Université Janus Pannonius. Le jury, composé d'enseignants, avait dû départager six cents lycéens.

Les résultats étaient publié dans le journal. En l'occurence :

« 1er Tibor Jasz (Budapest, Lycée technique Landler Jeno)

2e Istvan Varjas (Pécs, Lycée technique Zipernovszky K.) »

Cette distinction lui ouvrait les portes de toutes les institutions d'enseignement supérieur de physique, libre à lui de faire son propre choix. Varjas avait alors opté pour la BME, l'équivalent de Polytechnique, dont les registres ne relèvent plus trace de son passage.

Mais son nom figure dans un compte rendu des universités d'été des jeunes physiciens, à Eger. Il y avait soutenu un bref exposé sur le « cyclisme vu par un physicien » mettant en regard ses deux passions.

J'avais relevé sur un carnet ce court passage :

« Je tombe si souvent à vélo, que ma mère ne veut plus me laisser en faire. Alors depuis quelque temps, je note toutes mes chutes, et les erreurs à ne plus commettre. J'ai également démonté, examiné une par une les pièces de ma bicyclette, les plus fragiles, celles qui se brisent le plus facilement, en imaginant comment je pourrais les renforcer. J'ai mesuré le rapport entre la surface du pneu et le coefficient de frottement, pour comprendre s'il n'y avait pas une possibilité d'accroître l'adhérence, bref, toutes sortes d'expériences relevant de la physique.

Si je vous raconte tout ça, c'est parce que je veux croire qu'on peut toujours améliorer les choses, et les faire évoluer… »

En Hongrie, le cyclisme était confiné au rite annuel de la Course de la Paix, créée en 1948 entre Prague et Varsovie par deux quotidiens communistes, l'un polonais (*Trybuna ludu*), l'autre tchécoslovaque (*Rudé Pravo*), dans le but de défendre une paix durable entre des peuples traumatisés par la guerre. Le départ, fixé au 8 mai, coïncidait avec la capitulation du régime nazi. Les Hongrois n'y avaient jamais brillé.

1989. Istvan Varjas n'avait perçu qu'un lointain écho de la chute du mur de Berlin. Grâce à l'indulgence d'un colonel, il s'était fait exempter de ses obligations militaires et vivait en Italie, à Ortonovo, au pied des Alpes Apuanes, à l'instigation d'un dirigeant de l'US Cassano,

Paride Cordoni. Il y partageait un appartement avec Leonardo Piepoli, un grimpeur au gabarit de jockey, toujours mal rasé, qui, bien des années plus tard, se fera exclure du Tour de France pour dopage. Varjas ne manquait pas de qualités. Il avait terminé le Dusika Tour en Autriche, dans le sillage de Davide Rebellin, l'espoir émergent du cyclisme transalpin. Mais il passait déjà pour un original, dominé par ses lubies et des codes alimentaires inhabituels. Un «vrai lapin», qui se nourrit de germes de blé et de gelée de marron quand tous ses partenaires en sont encore au beurre et à la confiture. Il ne se déplaçait jamais sans une petite fiole de gouttes «miraculeuses», un remède contre le cancer, et dormait avec une pyramide de cuivre sur la tête pour capter les énergies cosmiques.

Chaque fin d'après-midi, ou après l'entraînement, quand les autres se reposaient, il se rendait à l'Université de Pise puis s'en allait laver les vitres des voitures aux feux rouges et n'en revenait pas avant d'avoir 50000 lires en poche, exténué, les jambes gonflées par la station debout. D'aussi loin qu'il s'en souvienne, il avait toujours exercé des petits métiers, journalier au zoo de Pécs, chargé du récurage des cages, ouvrier agricole affecté au ramassage des châtaignes.

Cet argent, il en avait besoin, dit-il, pour s'alimenter sainement. Mais très vite, il s'était senti gagné par le découragement. De nombreux coureurs au sein de son équipe se dopaient, et ne parlaient que de ça, matin et soir, obnubilés par cette nouvelle panacée, l'EPO, cette hormone de synthèse qui facilite l'émulsion de l'oxygène dans le sang.

Dans un courrier daté du 23 avril 1989, adressé à son premier entraîneur, Varjas ne cache pas sa déception :

« Mon cher Hirto.

Tout ce que je vis ici, en Italie, est absurde. Les amateurs "se bombardent" et roulent à 50 à l'heure, même à l'entraînement, je t'avoue que je ne sais plus que faire… En Hongrie, nous n'avions rien, pas de masseur, pas de matériel, nous devions nous débrouiller seuls mais, au moins, il nous était permis de rêver en un monde meilleur … »

Dans un autre courrier du 6 mai, il écrit :

« Pendant des années je me suis levé à cinq heures, pour aller à la piscine, faire mon footing ou patiner, toujours seul, sans rechigner. Mais j'ai bien peur d'avoir renoncé à ma jeunesse, aux sorties en discothèque, aux restaurants entre amis, à tout ce qui conforte le sens d'une vie, pour rien. Tout est tronqué. Mais c'est peut-être ça, la vie… On porte des projets et puis un jour, tout s'écroule, tout s'évanouit. Dis-moi Hirto si je me trompe ? Mais là où j'en suis arrivé, je n'ai pas d'autre solution pour rester au plus haut niveau que de me doper. Et je ne peux m'y résoudre.

Istvan »

En avril 1993, au lendemain de la Flèche brabançonne, son équipier Maximilian Sciandri, un Italien d'origine britannique, l'héberge une dizaine de jours dans sa villa d'architecte, à Quarrata, près de Pistoia, en Toscane. Séduit par l'Italie, Armstrong envisage de s'y installer. Sur le ton de la boutade, il incite Sciandri à se méfier car, lui dit-il, il finira par lui racheter sa maison. Un soir, le Texan s'était volatilisé au volant de l'Alfa 160 turbo de son hôte pour ne rentrer qu'à la nuit tombante, la voix de Kurt Cobain poussée à fond sur la radio de bord – à l'époque, il écoutait Nirvana en boucle. « Dis donc, qu'est-ce qu'elle consomme, ta bagnole ! », lui avait-il lancé en rendant les clés. D'où revenait-il ? On apprendra plus tard qu'il s'était rendu à Ferrara, chez Michele Ferrari. Il n'avait que vingt et un ans et consultait déjà en toute indépendance – dès avril 1993 et non pas en 1995 comme il l'a toujours soutenu – celui qui deviendrait son mentor, de préférence à Luigi Cecchini, le préparateur attitré de la Motorola. À quelle loi obéissait-il ? Quel serment lui avait enjoint cette nuit-là de traverser l'Italie, sinon la conviction qu'un destin se forgeait en dehors des voies balisées, dans une intime solitude ? Pendant ce même séjour, on l'avait aperçu chez Bertolucci, un orthopédiste de Pistoia où les coureurs italiens se faisaient confectionner des voûtes plantaires millimétrées, à partir d'une empreinte moulée dans une éponge industrielle (cette matière que les fleuristes utilisent pour piquer des fleurs coupées au fond d'un vase). « Un vrai travail d'orfèvre, les ingénieurs de la Nasa que j'ai autour de moi sont loin d'être de ce niveau », avait-il commenté.

Août 1993.

Sous le ciel noir, démantelé d'Oslo, Armstrong remporte le championnat du monde en ligne sous une pluie glaciale. Après la remise du maillot arc-en-ciel, le roi de Norvège Harald V l'invite à le rejoindre dans sa loge. Sa mère Linda l'accompagne. Mais quand les membres du protocole lui objectent qu'il doit s'y rendre seul, il se rétracte. « Si le roi veut me voir, dit-il, qu'il accepte aussi ma mère, sinon pas question. » Il n'a que vingt et un ans mais, aussi jeune soit-il, il n'a d'ordre à recevoir de personne.

100 000 dollars dans une boîte de biscuits.

Peu avant d'être champion du monde, il avait participé à la Triple Crown qui regroupait trois courses du circuit américain, dotées d'un Super bonus d'un million de dollars – supérieur à ceux du Tour de France ! – promis par la Lloyds de Londres au coureur qui parviendrait à réaliser le triplé. Vainqueur de la première manche à Pittsburg, en Pennsylvanie, et de la deuxième en Virginie-Occidentale, avec le soutien de la Motorola au complet, Armstrong avait très vite conclu un pacte avec une équipe concurrente, la Coors Light, conduite par Roberto Gaggioli, rapide au sprint, auquel il avait proposé 100 000 dollars, mieux que les 75 000 dollars offerts au vainqueur, à condition bien sûr qu'il l'aide à remporter la troisième épreuve. «J'aurais pu gagner moi-même mais tout était déjà ficelé, mes équipiers avaient été contactés, et tous avaient donné leur accord», commentera Gaggioli. Revenant sur les termes de cet arrangement, le Néo-Zélandais Stephen Swart, membre de la Coors Light, rapportera qu'un équipier de la Motorola lui avait demandé de venir à leur hôtel où Lance lui avait acheté son concours 50 000 dollars, ce qui l'avait surpris car il ne représentait pas une vraie menace. «Bien sûr, ça devait rester confidentiel, rien ne devait transpirer, précise Swart, car la prime d'un million était garantie par une compagnie d'assurances et tout manquement à l'éthique relevait de la fraude.»

La dernière manche à Philadelphie ne fut qu'une formalité pour Armstrong qui empocha le bonus. Il avait alors deux options : ou toucher 50 000 dollars par tranche sur vingt ans, ou empocher 600 000 dollars en cash. Il choisit la seconde. Plus tard, à l'automne, Gaggioli courait en Italie quand Armstrong était venu frapper à la porte de sa chambre d'hôtel, avec dans les mains une vieille boîte en fer de biscuits Amaretti. « Merry Christmas ! » avait lancé le Texan. À l'intérieur de la boîte, les 100 000 dollars qu'il lui avait promis.

Au lendemain du championnat du monde d'Oslo, Linda prit l'avion jusqu'à Minneapolis pour prendre conseil auprès de Greg LeMond et de sa femme Kathy sur la meilleure façon de gérer la carrière de son fils. Greg avait gagné trois Tours de France, deux championnats du monde, cette visite semblait avaliser une sorte de filiation dont tous les grands coureurs s'honorent. Aussi fut-il surpris par la réaction d'Armstrong quelques jours plus tard. À un journaliste néerlandais du *De Telegraaf* qui lui demandait s'il se considérait comme l'héritier de son prédécesseur, le Texan avait sans détour rétorqué «Fuck LeMond ! ». Il n'en avait rien à foutre. Le sacre d'Oslo marquait la naissance d'un monde nouveau dont il serait le seul prophète. Des années plus tard, en surfant sur YouTube, LeMond était tombé sur une vidéo ambiguë du Texan, alors âgé de quinze ans. Il portait toute la panoplie : un cuissard, un maillot La Vie Claire siglé Mondrian et des lunettes Oakley. «Lance était vêtu comme je l'étais dans le Tour 1986, de la tête aux pieds jusqu'aux lunettes ! Visiblement, je l'obsédais. »

Il y eut ensuite cet autre épisode, datant du Tour de France 1994.

Kathy était seule dans leur maison de Courtrai où par commodité le couple élisait domicile pendant la saison cycliste, comme la plupart des coureurs anglo-saxons, parce qu'en Belgique il était facile de capter la télévision anglaise. Elle venait d'assister, le cœur serré, sur Antenne 2, à la retransmission de l'étape du jour, à l'abandon de son mari, malade et démoralisé, lâché sans recours dès que la route se mettait à grimper. La veille déjà, Greg avait rallié Sestrières dans un peloton d'attardés, près d'une heure après l'Italien Chiappucci, écœuré autant qu'humilié par des rivaux gonflés à l'EPO.

Kathy s'apprêtait à éteindre la télévision quand son téléphone s'était mis à sonner.

« C'est Lance, avait clamé la voix à l'autre bout du fil.

— Lance qui ?

— Lance… Lance Armstrong. »

Il y avait eu un léger blanc, puis sans transition :

« Kathy, je veux louer votre maison.

— Notre maison ? Mais on y vit, elle est à nous ! Elle n'est pas à louer… »

C'est toujours avec effroi qu'elle repense à cet épisode.

« Armstrong m'a dit, écoute, je viens de le voir à la télévision, Greg est cuit, il est fini, il ne reviendra jamais. Et moi, je veux louer ta maison. »

Puis il avait raccroché.

Kathy ne comprenait toujours pas. En 1999, son mari s'était joint au concert de louanges qui avait accompagné outre-Atlantique le triomphe de son successeur dans le prologue du Tour au Puy-du-Fou. Il avait pleuré en le voyant revêtir le maillot jaune, ce maillot emblématique qu'il avait lui-même si souvent porté. Il lui avait écrit une lettre de deux pages, manuscrite, pour l'assurer de sa sympathie.

Lettre spontanée, restée sans réponse.

Pourquoi ce silence, ces revirements ? Cette soudaine hostilité ? Comment expliquer le « Fuck LeMond », la visite de Linda, l'incongruité du coup de fil de Courtrai, cette violence faite à Kathy ?

« Nous avons remâché tout cela très longtemps, sans trouver d'explication, m'avait dit Greg, si ce n'est que la première fois que Lance s'était présenté à moi, avec ce corps massif, ces épaules de déménageur, je lui avais dit qu'il avait plutôt un gabarit de footballeur, ce n'était pas intentionnel, une simple méprise, personne ne m'avait dit qui il était, mais ça l'avait sûrement vexé... »

Je ne sais s'il faut parler ici de haine pathologique, si ce terme convient, toujours est-il que le Texan, béatifié en Amérique par ses succès dans le Tour, ne cessera plus d'alimenter des campagnes de dénigrement, dans ses réseaux et dans le monde des affaires, où LeMond s'était reconverti, en s'appuyant sur son habileté à se servir des forums sur Internet. À seule fin de l'anéantir.

En rétorsion, lors d'un salon du cycle à Las Vegas, LeMond l'interpellera publiquement sur ses performances, ce qui lui attira de violentes inimitiés dans les sphères médiatiques. De nombreux journalistes se mirent à le snober, d'autres l'accusèrent de jalouser son successeur, bien qu'il n'ait jamais émis le moindre soupçon sur Armstrong. Entre 2001 et 2008, Greg n'avait pas donné plus de quatre interviews sur le sujet, en se montrant toujours très prudent et raisonné. Tout juste s'était-il étonné dans le *Sunday Times* des accointances d'Armstrong avec le docteur Michele Ferrari, le mage de Ferrara, un personnage sulfureux, réputé pour avoir répandu l'usage de l'EPO dans les pelotons. On l'avait vu apparaître en 1984 dans le giron de l'Italien Francesco

Moser, avant qu'il ne devienne le préparateur de nombreux coureurs.

« Tu te rends compte, ce type touchait un pourcentage sur les gains de ses coureurs, entre nous, d'ailleurs, on en plaisantait ! Il était plus riche que tout le peloton réuni !… »

LeMond m'avait dit ça d'une traite, puis me prenant à témoin :

« C'est vrai, je m'étais étonné qu'il le consulte mais c'était le moins que je puisse faire, non ? Ferrari, quand même !… Interdit de médecine… »

Dès le lendemain, Thomas Weisel l'avait harangué au téléphone et sans mâcher ses mots lui avait conseillé de « fermer dorénavant sa grande gueule ». Puis John Burke, le patron de la Trek, l'avait appelé à son tour, pour lui signifier qu'en représailles il avait pris la décision, irrévocable, de résilier son contrat et d'arrêter sur-le-champ la distribution des vélos LeMond sur le territoire américain.

Dans les pas d'Enrico Fermi.

Sur les conseils de Paride Cordoni, Istvan avait déménagé à Marina di Pisa. De là, il se rendrait plus facilement à l'Université. À l'époque, nous sommes en 1991, il n'a pas renoncé au cyclisme mais s'est replié chez les Audax, une fédération concurrente où les courses sont plus accessibles. Il s'en adjuge une dizaine cette année-là sous le maillot de l'équipe Baglini et il n'a plus qu'un seul objectif : représenter la Hongrie aux jeux Olympiques de Barcelone. Mais au début de la saison 1992, il éclate la roue avant et se brise le genou, dans la descente de Carrara. Il reste deux mois cloué sur un lit d'hôpital, les chairs à vif, lardées par d'épaisses bandelettes et cet incident marque la fin de sa carrière.

S'ensuit une période de flottement, de bascule. Varjas reprend des cours de physique à l'école supérieure de Pise (célèbre pour avoir accueilli sur ses bancs le Prix Nobel Enrico Fermi) mais n'est guère assidu. Il est révulsé par l'immobilisme obtus de ses professeurs, réfractaires à tout nouveau concept qui n'aurait pas reçu au préalable l'agrément de l'académie (« On vient de changer pour la quatrième fois de livre… en deux ans ! C'est bien la preuve qu'ils ne maîtrisent rien », se plaint-il dans une lettre adressée à sa mère.) Il assiste aux seuls cours qu'il estime nécessaires mais n'achèvera pas son cycle d'études, renonçant au diplôme qui lui aurait permis de candidater à un poste officiel ou de publier ses travaux dans des revues scientifiques. Lui demanderai-je s'il regrette ? À cette question, il aura cette réponse : « Un poste à l'Université m'aurait condamné comme chercheur et sans doute empêché dans mes inventions dont certaines, je l'espère, feront progresser l'humanité. »

Deux ans plus tard…

En 1994, la vie d'Istvan Varjas a pris une tout autre inflexion.

Il travaille pour Cosmoparf, une société de cosmétique spécialisée dans la distribution de parfum. Il en est le gérant, en charge du marketing, habile à troquer des milliers d'échantillons de Chanel, Dior, Lancôme, contre des encarts publicitaires gratuits dans les magazines féminins, *Elite*, *Voilà* et *Bonton*, nés sur les décombres du communisme après la chute du mur de Berlin. Avec l'argent récupéré, il sponsorise des manifestations cyclistes, des programmes d'aide aux jeunes coureurs. C'est le temps de la débrouille. Le gouvernement hongrois taxant les produits de luxe à 170 pour cent, il combine un commerce de contrebande de parfums entre l'Autriche et l'Italie. Le jeu est risqué – il échappera de justesse à une arrestation à la frontière autrichienne, et n'y remettra plus les pieds pendant dix ans – mais il n'a plus d'autre choix que cette voie-là, pour financer ses études et les expériences innombrables, dispendieuses en laboratoire qui les complétaient et l'obligeaient à sillonner l'Europe.

Il s'intéresse maintenant aux sciences magnétiques, aux circuits électriques, à l'électronique. Travaille sur des cylindres en rotation, sous courant électrique, et multiplie les consultations à travers la Suisse et l'Allemagne auprès de professeurs reconnus dont certains deviennent ses amis. («Je leur louais leurs laboratoires, de nuit, leur logistique, tout au black, ce qui nécessitait beaucoup d'argent.») Avec les assistants qu'il défraie à la journée, il reprend tout à zéro et pousse ses expérimentations à fond, s'il le faut jusqu'à l'accident. En parfait autodidacte, il ne se réclame d'aucune école ou confrérie scientifique. Varjas emboîte le pas des premiers physiciens d'avant la connaissance, guidé par un principe: quand un phénomène se produit dans la nature, il veut en comprendre les effets et les lois qui le sous-tendent.

Et, jusqu'à l'obsession, note et archive les points d'interaction.

Ce qu'il découvre n'est parfois répertorié dans aucun manuel. Par jeu, et pour s'autostimuler, il promet une prime de deux cent mille euros à son ami Oliver Crane, professeur en électromagnétisme dans un centre de recherche de Zurich, s'il parvient à lui démontrer qu'il est dans l'erreur, prime conséquente en regard du traitement indigent de 700 à 800 euros par mois que Crane percevait de l'académie. (« Mais jusqu'ici, je n'ai toujours pas dépensé un centime ! » m'avait-il fait remarquer d'un air triomphant.) Période fructueuse, prolifique. Varjas dépose dix-neuf projets à l'Office national des brevets de Budapest.

D'après lui, la discipline était tombée en désuétude, plus rien n'avait bougé depuis Einstein. Plusieurs jeunes physiciens avaient depuis longtemps récusé la théorie de la relativité et les équations qui la fondent, des recherches plus récentes ayant démontré que la vitesse de la lumière n'est pas constante. Mais personne n'avait pris leurs travaux en considération.

Souvent, dans la conversation, il cherchait à m'éveiller à la physique à l'aide de formules simplifiées. Puis devant mon hébétude il minimisait ses mérites. La physique n'était qu'un don. Istvan l'avait reçu à la naissance et les choses advenaient en lui sous la forme d'« heureuses fulgurances », comme dans un rêve, presque à son insu, suivant un processus intellectuel complexe qu'il n'avait jamais cherché à rationaliser. De tous nos échanges, j'avais retenu que le vide n'est pas vide mais rempli d'une masse noire, invisible, à l'état de veille. Un nuage de particules inertes, en suspension, qu'il suffit de réchauffer pour qu'une énergie s'en dégage et relie deux mondes en gestation, qui s'ignorent. Qui sait d'ailleurs si ce constat ne s'appliquait pas aussi à ce champ obscur qui le séparait d'Armstrong ?

Les six poignées de main.

C'est un Hongrois, un écrivain, Frigyes Karinthy, qui, dès 1929, fut le premier à conceptualiser les interactions et connexions informelles qui relient les hommes entre eux dans la transgression de leur statut, leur sphère sociale ou lieu de résidence pour en tirer la théorie des « six degrés de séparation » ou indifféremment des « six poignées de main ». Ainsi, nous serions tous raccordés sur Terre à tout autre personne par une chaîne de relations individuelles et sociales, ne dépassant pas six maillons.

Cette théorie régissait-elle cette zone grise, imprécise, aléatoire qui séparait Paride Cordoni et Lance Armstrong ? Je suis entré en contact avec Antonella, la fille de Cordoni, qui m'invita à prendre un café à la caféteria du centre commercial de Sarzana.

C'était une belle femme d'âge mûr à la peau mate, tout de noir vêtue, tatouée en haut des bras, avec de longs cheveux lisses, bruns et soyeux, et des yeux en amande surlignés par des traits d'eye-liner.

« Istvan, je l'ai très bien connu, m'a-t-elle dit, chez nous on l'appelait Stefano. »

À l'époque, son père hébergeait de nombreux coureurs amateurs originaires de l'Europe de l'Est, des Russes, des Polonais, des Hongrois, qui aspiraient à devenir professionnels en Italie. « Stefano était l'un d'eux, mais lui, c'était différent, il avait tous les droits, je devais même lui laisser mon lit… »

Elle se rappelait un voyage d'agrément en famille à Pécs, chez les Varjas. Stefano était fiancé avec une jolie fille nommée Enech, elle avait retenu son prénom sans trop savoir pourquoi.

C'était il y a longtemps, dans une autre vie, et cela faisait des lustres, quinze ans de cela, depuis les obsèques de son père, qu'elle ne l'avait plus revu. Elle avait émis un léger sourire en réveillant ce dernier souvenir. Stefano était arrivé de Budapest en voiture, le coffre bondé de parfums, de porcelaines hongroises, de bouteilles de liqueur Palinka. Deux armes posées à plat sous de vieux journaux sur le siège passager. « Tu sais c'est pas à moi » l'avait-il avertie, pour la tranquilliser.

Plus tard, elle m'avait demandé pourquoi je m'intéressais à son père.

« Stefano m'a parlé de lui comme du seul ami qu'il avait à l'époque… »

Elle sourit, émue par cette confidence.

« Il comptait beaucoup pour lui, c'était comme un fils, je sais qu'il aidait, financièrement, dans ses études. »

Au fil de la conversation, je prenais des notes sur Cordoni.

Dans les années 70, il avait dirigé le service assistance du groupe Ignis dont le président Giovanni Borghi était une des grandes figures de la scène sportive italienne.

Plus tard il s'était établi à son compte à Sarzana (sous l'enseigne Cordoni e Simili) où il avait tenu un commerce d'appareils d'électroménager et de pièces détachées pour frigos et aspirateurs, spécialisé dans le « recyclage », un mot que j'avais souligné d'un trait rouge. Renfermait-il un double sens ?

Antonella avait extrait d'une pochette en plastique des liasses de photos, certaines édentées ou déchirées, et les avait étalées sur la table de la cafétéria comme autant de reflets diffractés de son père, selon Istvan « un homme généreux que tout le monde aurait rêvé avoir pour ami ».

Sur chaque photo, Cordoni, mâchoire carrée, front large, apparaissait toujours au premier rang, en pleine lumière.

Serrant la main, plein de déférence, à Gino Bartali, le champion toscan, figure de proue de l'Italie pieuse, antifasciste.

Ou bien accroupi parmi d'autres chasseurs, fusils désarmés en balance sur l'épaule, derrière un alignement de perdrix et de lièvres ensanglantés. Au dos de la photo, quelqu'un avait écrit à l'encre bleue « Lac Balaton. Ungheria ». « Il s'était acheté une réserve de chasse là-bas, m'a-t-elle dit, il s'y rendait souvent. »

Tout en parlant, elle me tendait des polaroids aux couleurs vives dont la netteté contrastait avec le coté flou, obscur du personnage.

« Tenez, celle-là, regardez… »

Cordoni posait sur un sulky en tenue de driver, casaque en soie, toque foncée. En arrière-plan, les tribunes de l'hippodrome de Viareggio.

Je le revois sur un autre cliché, bombant le torse dans son maillot Baglini au départ d'un championnat du monde pour vétérans. Le nom des Bières Moretti se détachaient en blanc sur son cuissard. Ce qui frappait, c'était sa force, éclatante de vitalité, son gabarit de pistard, solide de complexion, qui me rappelait Zampano, le briseur de chaîne aux muscles lourds de la Strada de Fellini. Et tout autour de sa personne, un climat de virilité latente, propice aux rapprochements. Antonella tournait et retournait les photos dans ses mains. « Papa aimait gagner et par-dessus tout lever les bras sur une ligne d'arrivée, murmura-t-elle. Je sais, ça peut paraître dérisoire, avait-elle ajouté en haussant les épaules, mais il était comme ça. »

Elle me raconta qu'il s'était résolu à raccrocher le cyclisme sur ordre de la faculté parce qu'il souffrait de fibrillations. Il regardait un match de l'Inter de Milan à la télévision en décembre 2000 à la veille de Noël quand il s'était effondré sous l'effet d'une crise cardiaque. Le *final cut* d'une existence débridée

Il avait soixante-huit ans.

Plus tard, j'avais cherché à en savoir davantage sur ses fréquentations. Cordoni, apparemment, collectionnait les femmes et les perdrix comme autant de trophées à l'image de ces coupes rutilantes, de pacotille, amassées dans les courses de vétéran qu'Antonella avait enterrées dans son jardin après sa disparition. « Les femmes ? Disons qu'il était sensible à leur beauté » avait-elle convenu, un pâle sourire aux lèvres. Son père avait une conception machiste des choses. « Il disait à ma mère, je pars faire un tour en Hongrie, ça pouvait durer deux jours ou… trois semaines… »

Sentant la conservation s'épuiser, je m'étais mis à brasser les photos comme le ferait une cartomancienne, un joueur de tarot en manque de réussite pour redistribuer le jeu. Je me refusais à bannir toute coïncidence et conservais l'espoir de tomber en arrière-plan sur un indice, un personnage contingent que j'aurais pu croiser dans mes pérégrinations journalistiques, une de ces sentinelles dont le visage nous est familier, sans qu'on puisse toujours lui accoler un nom. L'un d'eux aurait pu servir de relais entre Cordoni et un membre du clan Armstrong. Mais rien n'accrochait mon regard. Si ce n'est cet homme en chemise blanche, volubile, aux côtés de Cordoni…

… un ancien coureur professionnel de l'équipe Amore e Vita, liée au Vatican…

Alors, il portait les cheveux longs, frisés, noirs, noués en catogan.

Dans tout cela rien de probant. Tout restait opaque.

Pour tenter d'y voir clair, je m'étais renseigné sur les habitudes de Cordoni auprès de ses anciens compagnons de route de Cassano. Des gens que je ne connaissais pas. Eraldo Baglini, le propriétaire de l'équipe Cycles Baglini, et un certain Michele D., employé à la société Gazprom. Ils conservaient le souvenir d'un « traffichino », doué d'entregent, vivant de troc et de combines, un camarade généreux, excentrique, qui sous l'emprise des amphétamines « brûlait la vie par les deux bouts » et qui avait pour marotte de s'habiller aux puces d'un costume trois-pièces, d'un nœud papillon rose, pour revêtir, qui sait, d'autres rôles, ou plus simplement changer de peau. Autre chose : Cordoni fréquentait les night-clubs où il dépensait sans compter, sans souci des lendemains, ce qui pouvait donner l'impression d'une vie à double-fond. « Je ne sais pas comment il s'y prenait mais il était connu de Palerme à Cuneo », m'avait dit Baglini. Plus j'enquêtais, plus le personnage restait insaisissable même aux yeux de ses proches. Connu dans toute l'Italie, mais de qui ? Son décès brutal au tournant d'un nouveau siècle ne les avait pas autrement surpris tant il les avait habitués à « brûler la vie par les deux bouts ». Et quel lien, quelle concordance pouvait-il y avoir entre Lance Armstrong, promis à devenir gouverneur du Texas, et ce réparateur de frigos de Sarzana ? En apparence, rien de commun mais ce rien était peut-être la seule et unique condition pour que la rencontre ait lieu.

Tour de France.

18 juillet 1995.

Cela s'était passé dans la descente du Portet-d'Aspet.

Fabio Casartelli, le compagnon de chambre de Lance Armstrong, avait heurté un parapet en ciment et tout le monde avait pu voir l'horreur, l'Italien en position fœtale sur l'asphalte brûlant et le sang qui s'écoulait de sa nuque, comme un dernier filet de vie.

Casartelli était mort au soleil où il voulait se faire une place, en cela il ressemblait à tous les hommes.

Le lendemain, à Pau, la Motorola, endeuillée, avait franchi la ligne d'arrivée groupée comme un seul homme avec l'assentiment du peloton. Puis Lance Armstrong avait gagné l'étape de Limoges que l'Italien avait cochée d'un trait rouge sur son livre de route. L'image du Texan passant la ligne en solitaire, buste redressé, doigt pointé vers le ciel, témoignait d'une expérience mystique. « Plus jamais je n'ai ressenti une telle émotion, même quand j'ai gagné le Tour ou revêtu mon premier maillot jaune... Sur la route de Limoges, je n'étais pas seul à pédaler... On était deux sur le vélo, Fabio était avec moi », rapportera le Texan.

Son agent, le très avisé Bill Stapleton, jeune et décomplexé – chemise impeccable, sourire de circonstance –, se présentait comme la parfaite incarnation du golden boy entreprenant, produit des universités. Sa société, la Capital Sports Ventures, siégeait à Austin, au 803 Pressler Street, non loin de chez Armstrong, qu'il rencontre au Dupont Tour 1995. Cet ancien nageur, finaliste olympique, ignore tout du cyclisme, ce monde obscur, racorni dans ses vieilles traditions européennes. Mais sous son aile, le Texan fait très vite fortune. En renégociant son contrat avec Motorola puis en liant son image à la firme Nike (en quête d'un substitut au roi de la NBA, Michael Jordan, au bord de la retraite). Stapleton lui amène huit autres sponsors dont les céréales Honey Stinger. Et dès 1997, ils créent ensemble la L.A. Foundation, pour venir en aide aux malades du cancer. Géniale intuition. Armstrong devient un acteur de la vie sociale, économique et politique américaine avec lequel l'UCI devra obligatoirement transiger. Et quoi de plus habile que cette association caritative pour asseoir sa visibilité médiatique et passer cet autre message, subliminal celui-là : comment imaginer après cela qu'il puisse se doper au risque de berner tous les malades auxquels il prétend redonner de l'espoir ?

Durant cette même période, il rencontre celle qui deviendra sa première femme, Kristin Richard, jolie, blonde, distinguée, qui eut le sentiment « d'avoir rencontré Dieu ». Elle lui donnera trois enfants. Puis d'autres femmes la remplaceront dans l'ombre des podiums, la chanteuse Sheryl Crow, l'actrice Kate Hudson, sa dernière compagne Anna Hansen, mère de ses deux derniers enfants, toutes jolies, pareillement blondes et minces, comme Linda, la mère.

Quand il repensait à sa carrière de coureur cycliste, Varjas en éprouvait un vif ressentiment, une forme de frustration qui sera l'un des leviers de son invention. Le monde du cyclisme l'ayant déçu, il va le plier sous son joug, le rabaisser au rang d'une parodie, ce qu'il est déjà à ses yeux.

En septembre 1997, courir le démange à nouveau. « L'envie est revenue, confie-t-il à Robi, l'un de ses anciens condisciples de la Jokai, mais plus comme avant. » Plus question de refaire les mêmes sacrifices qu'autrefois. L'idée de greffer un moteur miniaturisé sur son vélo a mûri. Pour élaborer son prototype, il choisit un modèle à pignon fixe avec un cadre en aluminium, l'aluminium ayant l'avantage de refroidir plus vite que le carbone. Et multiplie les allers-retours entre Zurich et Hambourg. En deux ans, il parcourt 360 000 kilomètres, souvent de nuit et toujours seul au volant d'une camionnette. Rien ne l'arrête, pas même la neige ou le brouillard, il roule par tous les temps, pied au plancher. Ses proches le surnomment « le tueur de voitures » car il les martyrise, en change très souvent. Toutes ses économies y passent, un budget de quinze mille dollars qui s'avère très vite insuffisant. Pendant ces longs trajets solitaires, il médite, appréhende, remâche les problèmes (« les solutions venaient à moi, dit-il, par flashes, par intuitions »). Il en revient avec des pièces en métal millimétrées, des couples coniques ouvragés selon ses directives dans sept laboratoires différents de robotique (« ainsi personne ne pouvait me tracer, relier mes activités, au pire, on pouvait juste penser que je travaillais sur un drone ou un robot »). Entre deux voyages, il assemble les pièces dans son atelier et les teste sur la route plane, isolée, des thermes d'Arkhani et plus tard, à Pécs, sur les flancs du relais de télévision. L'ensemble est longtemps brinquebalant (il ne fixait les pièces entre elles qu'après vérification, tout en roulant), les essais hasardeux.

Son premier moteur de six cents watts, trop puissant, l'oblige à rester sur la selle et à serrer les fesses à la moindre accélération.

Un soir, il s'entaille un doigt dans la chaîne en rotation tout en roulant et doit se faire poser des points de suture.

Je suis allé sur les lieux de ses premiers essais.

Je voulais les cartographier, tel un géomètre en maraude. J'ai refait la route qui s'élève par paliers sur la colline de Mecsek, d'abord en pente douce entre une zone résidentielle, un monastère, une succession de villas, avant d'obliquer sur la droite à hauteur d'un sanatorium à travers une forêt clairsemée. La rampe se fait ensuite plus abrupte jusqu'au relais de télévision en forme de château d'eau qui en fixe le sommet, à 520 mètres d'altitude. Le relais est accessible au public, moyennant un ticket d'entrée d'un euro. Du restaurant panoramique, on aperçoit en contrebas, dans les replis d'une abondante végétation, un lacis plus étroit, la route dite « des trafiquants de tabac ». Et par temps clair, dans le lointain, la ville de Pécs, sa bastille, la mosquée de Gazi. Le dôme vert de l'église turque et son minaret. Plus loin encore, dans la brume, la cathédrale San Pietro et Paolo.

C'était donc là, sur cette route, qu'Istvan menait ses essais à la tombée de la nuit, en anorak, une lampe de mineur sur le front, bravant le froid, par des températures hivernales. Robi le suivait en voiture, fraternel et complice, télécommande en main, prêt à actionner le moteur. Sous la lumière broyée des réverbères et des phares de la voiture, il jaugeait, évaluait l'évolution de son travail à l'oreille, au sifflement du moteur. Les mises au point étaient longues, fastidieuses, souvent décourageantes. Les séances d'ajustement prenaient fin quand le cadre, en surchauffe, devenait trop brûlant.

Il mit du temps à comprendre qu'une batterie de cinquante watts suffirait dans une course à créer des écarts, du temps à miniaturiser l'ensemble, à le rendre silencieux, même si ce problème n'en n'était pas vraiment un. Dans les Alpes ou les Dolomites, à haute altitude, la raréfaction de l'air amortit tous les bruits, déjà dilués par les cris du public hystérisé par l'attente, par la surchauffe des voitures et motos de presse.

Toute la difficulté naissait d'opérer à contre-jour, dans la crainte de recroiser ce garde forestier, silhouette spectrale surgie du brouillard, qui lui avait lancé, transi d'effroi : « Mais qu'est-ce que vous fabriquez à cette heure-là ! »

Puis le moment tant espéré était venu, qu'il ne saurait dater.

Après des mois de recherches, de tâtonnements, il s'était hissé jusqu'au relais sans effort, l'esprit léger, le corps brusquement désencombré de ses quatre-vingt-quinze kilos.

« J'avais réussi, enfin, pas tout à fait, m'a-t-il dit, il restait à savoir si le moteur fonctionnerait l'été, par trente-cinq degrés à l'ombre... »

L'idée de génie, ce n'était pas le moteur en soi, mais d'avoir imaginé, projeté ce moteur comme un antidote au dopage, un moyen de surpasser l'EPO, son pouvoir dionysiaque, et ceux qui en usaient sans modération. Il avait eu le sentiment d'avoir exorcisé le passé.

« Je m'étais dit, ils peuvent maintenant s'injecter, avaler tous les produits qu'ils veulent, s'en foutre plein la gueule, j'ai trouvé la parade... »

Le cancer.

Le 2 octobre 1996, le Texan crache du sang. Son urologue Jim Reeves lui apprend qu'il est atteint d'un cancer très agressif aux testicules. Le mal irradie, progresse jusqu'aux poumons, avec des métastases au cerveau. Son cancérologue, Craig Nichols, lui accorde « dix pour cent de chances de s'en sortir ». Selon sa biographie officielle, en apprenant la nouvelle, le Texan aurait rétorqué : « Pas d'inquiétude, on va se battre, vous verrez, on va tuer ce bâtard. » Le 25 octobre 1996, Craig Nichols et son confrère Lawrence Einhorn procèdent à l'ablation d'un testicule et de deux lésions cérébrales cancéreuses. La chimio risquant de le rendre stérile, le Texan avait pris soin d'aller déposer sa semence dans une banque de sperme de San Antonio, en vue de ses futures paternités.

Ancien coureur professionnel, venu au cyclisme dans le culte de Tom Simpson, Paul Sherwen, installé en Ouganda, à Kampala où son père possédait une mine d'or, revenait chaque été en Europe commenter le Tour de France pour la chaîne Channel 4, après avoir occupé pendant un temps les fonctions d'attaché de presse, au sein de la Motorola et plus tard à l'US Postal. Il avait conservé une certaine complicité avec Armstrong qu'il avait accompagné dans toutes les phases de sa carrière. Dans les derniers mois, il avait souvent entendu le Texan se plaindre d'une « gêne à l'entrejambe » et râler après les mécaniciens parce que sa selle n'était jamais assez confortable. L'un de ses testicules avait gonflé, mais devant les autres il en plaisantait. (« Il disait que c'était normal, que tous les Texans ont une “*cojon*” plus grosse que l'autre ! », avait rapporté Sherwen) Il fit rembourrer ses fonds de cuissards d'une double épaisseur de peau de chamois mais bientôt un autre symptôme apparut : il toussait gras tout en crachant du sang : « On a tous cru que c'était la toux de l'effort, qui brûle à l'intérieur », dira encore Sherwen, choqué par les réserves qui avaient accueilli le come-back du Texan. Un cancérologue français avait émis des doutes sur le fait qu'il ait pu gagner le Tour après avoir eu des métastases au cerveau. « Mon beau-père, qui est médecin, m'avait dit lui aussi "ton Lance, tu ne le verras pas longtemps" et d'autres spécialistes m'avaient dit ça aussi, qu'il mourrait bientôt, m'avait fait remarquer Sherwen, alors que je l'interviewais pour mon journal, mais "excuse-moi, papa (il disait papa à tout bout de champ, c'était un tic) moi, j'avais vu les cicatrices de ses trépanations", j'ai là, d'ailleurs, une radiographie de ses lésions que nous avons montrée à l'antenne. » Cette radiographie des poumons perforés, métastasés, c'est Armstrong qui la lui avait transmise et Sherwen l'avait diffusée sur Channel 4 pendant le Tour en 1999, quand la suprématie du Texan suggérait autant de controverse que d'admiration. Chacun avait pu constater les dégâts. Sur la radiographie, les poumons irradiés offraient l'aspect désolé d'une terre aride, infertile, trouée de cratères où s'enracine la légende d'Armstrong.

Je pense à cette photo où Armstrong pose, assis sur son lit d'hôpital à Indianapolis, crâne rasé, des perfusions dans les veines. À ses côtés, l'air satisfait, le chirurgien qui l'a opéré. Le visage du Texan est d'une grande pâleur et son regard est voilé par une sorte de rage froide. Pourquoi sourit-il ? D'où vient cette impossibilité d'atteindre au cœur du personnage ? Quelles résistances intimes opposait-il à ceux qui l'approchaient d'un peu trop près ? Contraint de renouveler son permis de conduire, il avait d'abord choisi un vieux photomaton puis s'était ravisé au profit d'une photo le figurant crâne rasé, sans sourcils, sous les traits post-opératoires d'un miraculé du cancer, dans la peau de ce double de lui-même revenu du néant, avec lequel le monde entier allait devoir composer.

Grâce à un traitement de cheval, il était venu à bout du « bâtard » qui prétendait l'anéantir. Le 13 décembre 1996, il avait annoncé son come-back, motivé par des besoins personnels. Il n'est plus désormais qu'un *hope in a man* habité de nobles intentions qui va se battre pour la recherche, le bien de l'humanité. Son combat devient le nôtre.

En avoir ou pas.

Il y a dans la prose d'Ernest Hemingway ce rapport forcené à la virilité, cet «en avoir ou pas» que Lance Armstrong, hanté par l'impuissance, incarnait dans ses gènes de Texan. Dans l'esprit d'Hemingway, c'est par la chasse, la pêche et la guerre que l'homme échappe au néant, à l'obsession de la mort, d'où peut-être chez Armstrong cette faculté d'assimiler son combat contre le cancer à un «voyage au bout de la peur». Et c'est par le Tour, perçu comme un champ de bataille et d'insurrection personnelle, qu'il allait transcender la vie. C'est par le Tour qu'il ferait un pas vers l'immortalité.

Hemingway disait qu'il suffit de rendre ses mensonges plausibles pour faire de sa vie un roman.

Armstrong, lui, préférait la copie à l'original.

Si une vérité faisait obstacle à son ambition, il la transformait en opportunité comme le lui avait enseigné sa mère, si aimante, si proche. Si forte. Elle ne s'était pas apitoyée quand il lui avait annoncé qu'il allait devoir passer sur le billard. « Elle s'est montrée d'un optimisme déconcertant, elle m'a simplement dit, sans une larme, ne t'inquiète pas, on va y arriver. »

Elle avait en elle ce rêve américain de grandeur que Lance voulait porter à son paroxysme, quels qu'en soient le prix, les souffrances, la part invétérée, chronique, du mensonge. « Je veux mourir à cent ans, le drapeau américain sur le dos et l'étoile du Texas sur mon casque », écrit-il non sans grandiloquence dans sa biographie.

En avoir ou pas. C'était son credo, son leitmotiv. Il avait d'ailleurs retiré seul ses points de suture.

« Rien de plus simple, avait-il expliqué, il suffit d'avoir une bonne pince à ongles et le cœur bien accroché. »

610 000 dollars.

Peu avant qu'il ne découvre son cancer, Lance Armstrong avait signé en septembre 1996 un nouveau contrat professionnel, de trois millions de dollars sur deux ans, avec l'équipe Cofidis que le patron de cette entreprise de crédit par téléphone, François Migraine, avait dénoncé, « de façon cavalière », après avoir appris sa maladie. De là, pensait-on, son antipathie marquée pour la France.

Le 16 juillet 2003, François Migraine avait détaillé pour sa défense les termes de ce contrat dans les colonnes du *Monde*.

« Nous n'espérions pas qu'Armstrong remporte le Tour de France, parce que lui-même n'y croyait pas. Lors de notre entretien, il avait répété qu'il se sentait capable de gagner des classiques comme Liège-Bastogne-Liège, le Championnat de Zurich, voire Paris-Nice, pas davantage. »

Une quinzaine de jours plus tard, il avait appris que son nouveau leader était atteint d'un cancer.

Migraine : « Ce n'est pas lui qui nous a avertis mais son agent Bill Stapleton (...). Après, Armstrong nous a reproché d'avoir renégocié les bases de son contrat, ce qui me navre et m'irrite à la fois. Selon le code du travail français, nous étions en droit d'en considérer la nullité, du fait de sa maladie, il ne pouvait l'honorer, d'où notre souci de trouver un compromis convenable. Et quand je dis convenable, savez-vous combien Cofidis a versé en 1997 à cet homme qui n'a jamais porté notre maillot ? ... 610 000 dollars. Je regrette qu'il l'ait toujours oublié. »

Variations d'Istvan Varjas, sur le bon usage d'un vélo à moteur. Et sur l'esprit de vengeance.

« Tout est vieux maintenant, presque oublié mais alors, je voyais les choses autrement, j'avais toute la vie devant moi... Je vivais en Italie, en Toscane, je courais pour l'US Cassano. Finies les années noires du communisme... À Berlin le Mur était tombé, il y avait un parfum de liberté, tout allait s'ouvrir... Je me sentais jeune, beau, léger, impondérable. Avec un peu d'application, de persévérance, j'allais faire du cyclisme mon métier... Je partageais un appartement avec d'autres amateurs. Je me souviens qu'entre eux ils parlaient beaucoup des soins, c'est comme ça qu'ils appelaient le dopage... À l'époque, j'ignorais tout, en Hongrie on ne savait rien du dopage. À Pécs, dans mon club, on marchait tous au pain et à l'eau... Moi, je ne prenais même pas d'intégrateurs et je puisais tellement dans mes réserves à l'entraînement que je faisais de l'arythmie... Et là, je découvrais un autre monde, le dopage c'était un business et j'ai mis du temps à le comprendre, à saisir la réalité, tout me parvenait par bribes, par la bande. Il y avait autour du dopage toute une poétique, tout un arsenal langagier, les coureurs en parlaient par code, et donnaient des surnoms aux produits pour brouiller les pistes, ils disaient Edgar pour parler de l'EPO en référence à Edgar Poe, ils s'échangeaient des informations sur la meilleure façon de s'administrer l'EPO ou des hormones de croissance en microdoses, par transfusion, certains dépensaient des fortunes, mille euros pour un produit… Ils étaient prêts à mettre leur santé en jeu, à prendre des risques, le risque de mourir. Moi, les piqûres, les seringues, tout ça m'effrayait et tout m'a très vite écœuré. Tout s'est dégradé, le plaisir, la confiance… Avec l'argent, la télévision, le sport est devenu un spectacle, les sportifs des acteurs. Il n'y a qu'en prison que les médailles ont de la valeur, plus qu'aux jeux Olympiques, car alors, tout le monde est à égalité… Il m'a fallu accepter les choses, accepter que tout ce que j'avais cru possible ne l'était plus… J'ai dû repenser ma vie… Je ne croyais plus en rien… Sauf en la science, peut-être… Le moteur, c'est par dépit, par esprit de vengeance, que je l'ai imaginé, construit. Après un long processus… L'inspiration m'est venue en voyant un hélicoptère télécommandé tournoyer dans le ciel… L'aéromodélisme s'était développé. Avec un petit moteur électrique, ils arrivaient à faire voler des engins de six à sept kilos, après tout s'est enclenché… Je n'ai plus eu qu'une obsession, lutter contre le dopage biologique, trouver l'arme absolue, et ce moteur, c'était l'arme absolue. Les hormones laissent des traces dans le sang, dans l'urine surtout, depuis qu'on peut congeler les éprouvettes. Un dopé reste à la merci d'un contrôle rétroactif, avec le moteur rien de tout cela, si l'on ne vous prend pas sur le fait, personne ne pourra vous accuser d'avoir triché… Pendant des mois, j'ai voyagé, questionné des scientifiques… pris des contact. Seules deux personnes étaient au courant, mon père et Robi, un ami… J'allais prendre ma revanche sur les années perdues, court-circuiter les préparateurs, Luigi Cecchini, Michele Ferrari et tant d'autres qui gravitent dans le milieu… La liste est longue… Quand il a appris mon existence, Ferrari est entré en contact avec moi, il était dérouté, incapable de s'expliquer certaines performances… Il avait perdu ses repères, jusqu'au jour où il m'a demandé de tester un vélo… Et là, je l'ai vu vaciller. Mettez-vous à sa place. Si un jour, on devait apprendre qu'Armstrong utilisait un moteur, sa réputation de gourou en prendrait un sacré coup... Ce qui est étrange chez Armstrong, c'est qu'il conservait le même taux d'acide lactique alors que chez tout homme en plein effort, ce taux augmente fatalement... Oui, c'est vraiment étrange... Moi, la seule chose que je n'avais pas mesurée, c'est l'emprise du moteur sur l'esprit, celui qui l'utilise une fois ne peut plus s'en passer, il devient dépendant... et il ne faut pas croire que le moteur est un substitut au dopage. Le coureur est obligé de prendre de l'EPO pour accompagner, amortir la force du moteur parce qu'il entraîne une grande consommation d'oxygène... Un moteur c'est quinze coups de pédale à la minute de plus que les autres... La pédalée s'accélère, la vitesse augmente, au début le cœur n'enregistre aucune perturbation puis le rythme cardiaque s'affole. Le moteur te lessive... Il faut être très entraîné pour soutenir le rythme, sous peine de se retrouver en situation anaérobique (au-delà du seuil de respiration) avec l'envie de mettre pied à terre... C'est évidemment plus facile pour les grimpeurs au gabarit léger, parce qu'ils offrent moins de résistance à l'air...

Sur le plat, au milieu du peloton, le moteur est très difficile à démasquer. En montagne, c'est différent. Le coureur l'utilise à la recherche du second souffle, sous la montée de l'acide lactique... Il suffit de l'actionner vingt, trente secondes pour gagner jusqu'à cinquante secondes, un avantage qu'on ne peut obtenir avec aucun dopage, après il ne faut pas en abuser, en montagne l'homme de tête, s'il roule cinq à l'heure plus vite que les autres, finit par susciter des doutes. Il s'expose au regard, à la curiosité des experts en ergonomie, qui peuvent analyser sa vitesse de pédalage par le calcul des watts, surtout s'il est seul sur la pente... Avec le temps, j'arrive à capter à l'œil nu toutes les anomalies. Je sens quand un coureur se laisse griser par un moteur, par sa puissance, quand il ferait mieux de doser ses efforts, intelligemment, pour ne pas éveiller les soupçons... Certains ne peuvent s'empêcher d'en rajouter par pur égocentrisme ou narcissisme ou pour épater la galerie et parce qu'ils savent qu'ils seront impunis... Ils l'utilisent le plus souvent en Espagne, là-bas ils ne risquent pas grand-chose, personne ne contrôle jamais rien... Maintenant qu'est-ce qui pousse certains coureurs à tricher ?... Ceux qui se sont fait sanctionner pour dopage n'ont pas d'autres ressources pour préserver leur valeur marchande, leur salaire, leur standing, sans craindre un nouveau contrôle... Maintenant où va le cyclisme ? Tout va très vite... Tout évolue... On peut activer le moteur à distance avec une télécommande ou à l'aide d'une montre, ou le relier grâce à bluetooth au cardio-fréquence mètre que le coureur se plaque sur le torse, sous le maillot. Après, il suffit de programmer son niveau de seuil lactique, au-delà duquel le moteur se mettra tout seul en marche... À l'extrême limite, un coureur n'est pas obligé de savoir... Il peut très bien ignorer qu'il pédale sous assistance avec un moteur dans sa roue arrière... Son directeur sportif actionne le mécanisme de sa voiture et lui, sur son vélo, il a juste l'impression d'être dans un grand jour. Est-ce encore du cyclisme ? On en est arrivé à une telle sophistication que je ne sais plus rien... »

Au mois de mars 1998, quelques semaines après avoir repris la compétition, Lance Armstrong, au bord de la dépression, abandonne Paris-Nice sous un épais déluge. Son équipier de l'US Postal, Frankie Andreu, avait rapporté la scène. Ils ramenaient le New-Yorkais George Hincapie, sur crevaison dans un déploiement de relais appuyés, quand Lance s'était déporté sur l'autre côté de la route et avait mis pied à terre. Cela ressemblait à un adieu mais, tel le Phénix renaissant, il était remonté en selle et, six mois plus tard, s'était adjugé la Cascade Classic dans l'Oregon et le Tour du Luxembourg. Puis en septembre, il s'était classé quatrième du Tour d'Espagne. Quatrième d'un grand Tour.

Entre son abandon dans Paris-Nice où il ne parvenait plus à tenir la roue de ses partenaires et cette renaissance, que s'était-il produit ?

Je suis allé consulter les comptes rendus du Tour d'Espagne 1998, ces articles qu'en terme de métier on nomme des chapo – l'envoyé spécial s'y livre généralement à une analyse détaillée de la course. À dire vrai, la course n'avait jamais pris son essor, elle s'était aplatie de jour en jour, Abraham Olano, Alex Zulle et Laurent Jalabert laissant à l'équipe Banesto le soin de tout cadenasser. Dans ce contexte, Armstrong avait pu faire illusion au point d'enrayer un début de bronchite qui en d'autres circonstances moins favorables l'aurait condamné. Il était parvenu à filocher les grimpeurs dans les cols et prétendait en avoir « vraiment bavé » pour en arriver là. S'il grimpait mieux, c'est parce qu'il avait maigri – ce qui sera démenti par la suite – et puisé des forces nouvelles chez tous les malades qu'il avait croisés durant sa thérapie. À ceux-là, il était fier de prouver qu'il est possible de reprendre « une vie normale », tout comme Varjas avait conçu son prototype « pour que des gens handicapés, estropiés puissent poursuivre “une vie normale” ». À condition de faire confiance aux dates, le Texan n'avait pas pu utiliser un vélo à moteur dans cette Vuelta car en septembre 1998, Varjas n'avait pas achevé le sien, à moins d'imaginer qu'il en disposait déjà d'un. Et dans ce cas c'est par la bande qu'il aurait appris qu'un physicien hongrois avait mis au point un moteur similaire à forte densité en watts.

« Est-ce qu'un autre ingénieur m'aurait précédé ? Je n'y avais jamais songé mais pourquoi pas… », avait marmoné Varjas quand je lui avais posé la question.

Ce n'était, bien sûr qu'une hypothèse, rien de solide, pas de preuve, mais ça collait avec ce qu'il avait toujours pensé au sujet d'Armstrong, que tout avait été prémédité. Un esprit ingénieux, pendant sa maladie, avait projeté, édifié, orchestré le mythe comme on peut gonfler la cote d'un artiste ou la valeur d'un boxeur par des combats arrangés.

« J'ai toujours pensé ça, avait repris Istvan, que quelqu'un derrière lui tirait les ficelles, lui n'étant qu'un instrument.

— Une sorte de prototype humain-inhumain, aux mains d'un groupe d'affairistes ?

— Oui, quelque chose comme ça...

— À quelles fins ?

— Comment ça, à quelles fins ? La gloire, l'argent, le pouvoir... ce ne sont pas des raisons suffisantes ? »

Il en voulait pour preuve l'existence d'un clan assermenté, et structuré autour du milliardaire Thomas Weisel, un cercle rapproché, renforcé par la présence de deux bodyguards soucieux de les protéger lui et son vélo, objet d'un soin jaloux, si attentionné que ses propres supporters ne pouvaient l'approcher que de très loin. « Pour éviter qu'ils se brûlent... », avait ironisé Varjas.

En 1979, un ingénieur des arts et métiers, un certain Gozzi, avait déjà conçu un vélo à moteur très performant. Un de ses amis, M. Bari, une sorte de Raoul Taburin en blouse de coton bleu, était venu le présenter à la télévision. Son prototype avait toutes les apparences d'un vélo de course ordinaire.

Dans son exposé, Bari en avait décliné les propriétés :

— les batteries, d'une puissance de 40 watts, étaient dissimulées dans les tubes vertical et horizontal et relayées entre elles par un circuit électrique ;

— 10 watts étaient nécessaires pour approvisionner les accumulateurs ;

— le pédalier était en roue libre afin que les batteries puissent se recharger en roulant dans les descentes et les faux plats, ce qui leur conférait une autonomie constante ;

— un réducteur, accolé au moteur, permettait de rationner l'action des manivelles à 100 tours minute contre 6000 tours avec le moteur ;

— le prototype pesait 2,5 kg de plus qu'un vélo standard avec une autonomie d'utilisation de trois quarts d'heure.

Pour la mise en route, l'utilisateur devait se servir d'une clé de contact, placée sous la selle, puis presser un bouton dissimulé sur le guidon, sous la poignée du frein.

D'après son concepteur, l'utilisation d'un matériau plus léger permettrait dans le futur de diminuer cette charge.

À la question de savoir à qui seraient destinés ces vélos à moteur, M. Bari avait répondu qu'ils ne pouvaient rien apporter au coureur aguerri disposant de tout son potentiel athlétique, mais fourniraient une aide non négligeable à ceux qui « ne disposent que d'une aptitude physique modérée ».

Au Tour d'Espagne, Lance avait sympathisé dans le peloton avec Johan Bruyneel, un coureur belge proche de la reconversion, promu directeur sportif de l'US Postal. Bruyneel – qui courait pour la Once, sous la tutelle du manager Manolo Sainz (radié des pelotons en 2006 après son implication dans un trafic de sang démantelé par l'Opération Puerto) – avait l'avantage de connaître tous les rouages du cyclisme européen et les rapports de connivence qui régissaient ses institutions où certains managers bénéficiaient de passe-droits. En quelques mois, Johan Bruyneel devint son majordome, son ombre et confident. Un conciliateur qui se chargeait d'apaiser les tensions au sein de l'US Postal et de filtrer ou rabrouer, le cas échéant, les journalistes importuns. Les braves, les vertueux, aussitôt marginalisés. Un rôle cousu main pour ce Belge arriviste qui s'acquittait de ces besognes avec d'autant plus de zèle qu'il puisait auprès du Texan la matrice de ses propres désirs d'élévation sociale. Il faisait maintenant partie du « clan » aux côtés de Thomas Weisel, le financier, de Bill Stapleton, l'agent, et de Michele Ferrari, le préparateur. Tous ces gens se gardaient bien de contredire Armstrong or, comme l'écrit Russell Banks, « difficile de penser clairement dans une salle de miroirs ».

Le projet de gagner le Tour de France avait germé au mois de septembre 1998, au Tour d'Espagne. Armstrong y avait révélé des capacités de grimpeur insoupçonnées, loin de ce modèle affligé qu'il avait offert, avant sa maladie, dans ses trois premières apparitions sur le Tour, marquées par deux abandons, deux victoires secondaires en forme d'éclaircies à Limoges et Verdun, occultées par de grandes débâcles en montagne où il frisait parfois l'élimination.

Le Tour, ce n'était pas pour lui.

Il ne le gagnerait jamais, il le disait d'ailleurs, mieux valait oublier.

Mais le cancer l'a métamorphosé, rendu plus fort («Et donné un moral d'assassin», ironisait Bruyneel). Il roule plus vite que la mort. Pour activer sa guérison, ses médecins lui avaient prescrit de l'EPO. Continuait-il d'en prendre sous dérogation thérapeutique? «Tout ce que l'on peut dire, c'est que sa thérapie n'a pas été nocive pour son métier», avait, par ce bel euphémisme, résumé le docteur Reeves.

Il serait le seul à se doper, librement, sans plus d'appréhension, sachant qu'il pouvait compter sur l'extrême bienveillance du président de l'UCI, Hein Verbruggen.

De cette période remontent des scènes détestables, une fresque médiatique bouleversée par des descentes de police, par des perquisitions, la vision de coureurs menottés, exclus du Tour dans un parfum de délinquance. L'image, distordue, de Richard Virenque, cheveux blonds péroxydés, cloué au pilori d'un nouveau moralisme. Et dans le même temps, un climat de connivence autour d'Armstrong couvert par l'UCI – par une prescription antidatée – après un premier contrôle positif dans le prologue du Tour, en 1999.

Armstrong, qui, plus tard, allouera une donation de cent mille dollars à l'UCI, qui l'acceptera, pour l'acquisition de machines sophistiquées capables de détecter les derniers produits en vogue. Suprême perversité : le Texan aidait l'UCI à contrôler ses rivaux, les dénonçait à l'occasion, convaincu que la duplicité faisait partie du jeu, selon un raisonnement très simple : plus on ciblait les tricheurs, plus on les punissait, plus la peur s'installerait dans le peloton et plus il verrait son pouvoir renforcé.

Greg LeMond :

« Au fond, Armstrong, c'est l'histoire d'un type sans conscience qui a triché toute sa vie, qui croit que tout le monde triche et qu'on ne peut y arriver qu'en trichant. »

Tour de France, juillet 2000.

Je me souviens d'une interview.

Bizarrement, c'est Armstrong qui en avait pris l'initiative et m'avait choisi pour interlocuteur, après avoir consulté Stephen Roche, Paul Sherwen et Tony Doyle, un ancien *six-dayman* que j'avais côtoyé sous les coupoles des vélodromes. L'image qu'ils avaient renvoyée de moi avait dû coller aux impératifs du moment. Un soir, après dîner, je l'avais donc rejoint à l'hôtel des US Postal, un petit relais provincial, sans confort, avec toilettes à l'étage, où le parquet craquait sous mes pas. Armstrong m'attendait dans ce qui avait dû être une ancienne salle de réception ou de banquet. La pièce était vide, tapissée d'un papier peint à motifs vieillots et seulement meublée d'une table ovale en bois verni. C'est là que l'interview avait eu lieu. Paul Sherwen s'était chargé de surveiller la traduction.

Armstrong y déployait sans affect ses impressions sur le Tour, et sur son métier.

Le lendemain, l'interview s'étale sur une pleine page dans mon journal mais Bill Stapleton me reproche d'avoir élagué une question sur Nice où le Texan résidait pendant la saison. Et dans le ton de son agent, je perçois une once de regret : « C'est un oubli et c'est dommage, Lance y tenait, oui, il tenait à souligner son attachement pour votre pays… » J'avais eu beau arguer du manque d'espace, du respect du lignage, mes arguments ne trouvèrent pas l'écho attendu. Il était clair, à en juger par la mine renfrognée de son agent, qu'Armstrong était déçu, mais surtout que je l'avais déçu. Je venais de saisir l'une des clés de son système : il cooptait les journalistes habilités à recueillir ses déclarations, à charge pour ces heureux élus de traduire sa pensée à la virgule près, sans l'écorner ou la brider. Quant aux autres, mal intentionnés, ce n'étaient que des grincheux, des empêcheurs de pédaler en rond, de pâles figurants qu'il traitait par le mépris ou par l'indifférence.

Nice n'était qu'un prétexte, une mesure d'évaluation.

Très vite, le Texan partit s'installer comme la plupart des coureurs anglo-saxons à Gijon en Espagne. Là-bas, l'inspecteur médical habilité par l'UCI à effectuer les contrôles, basé à Barcelone, avait l'extrême obligeance de les prévenir de sa venue, ce qui leur laissait plus d'une heure pour maîtriser le délai d'incandescence qui suit toute prise d'EPO.

Une haine des Français.

Juillet 1999.

Au soir de sa première victoire miraculeuse dans le Tour, il avait reçu dans sa chambre du

Ritz un journaliste du *Figaro Magazine* qui ne manquerait pas de l'interroger sur ce voile de perplexité qui entourait sa performance de Sestrières. Mais le Texan était prêt à l'affronter. Le président Clinton venait de le joindre par téléphone, débordant d'enthousiasme à bord de l'Air Force One qui le ramenait des funérailles d'Hassan II. À peine avait-il raccroché que le gouverneur du Texas, George Bush, l'avait appelé à son tour. Plus rien ne pouvait le déstabiliser, surtout pas les mesquineries d'un journaliste quel qu'il soit. « Sur ce Tour, il y a eu beaucoup de suspicion à mon égard mais si l'on y regarde de près, qu'est-ce que représente la presse française ? rétorquera-t-il à son visiteur. Un ? Disons deux pour cent tout au plus de la presse mondiale... Au fond, pas grand-chose... »

Juillet 1999.

En vacances à Chypre, cet été-là, Istvan n'avait pas suivi de près la résurrection de Lance Armstrong dans le Tour de France, tout juste avait-il entendu parler d'un rescapé du cancer

« qui roulait dans les cols comme une motocyclette ». Son prototype se baladait quelque part mais il refusait de s'interroger, fidèle au marché qu'il avait passé avec Cordoni. C'était de l'histoire ancienne. Il avait d'ailleurs réinsufflé au début de l'année 2000 une part de la somme reçue – un peu moins de cent mille dollars – dans le montage de sa propre équipe, la Cornix. Un journaliste de l'*Unita*, Gino Sala, avait salué l'événement par un article intitulé « Et la Hongrie trouve son Amérique en Italie ». Ou l'histoire édifiante d'Istvan Varjas, « un ancien laveur de vitres, pouvait-on lire, licencié en énergie nucléaire et fondateur de la première équipe professionnelle hongroise de l'histoire ».

À l'époque, Istvan est marié à Reka, la fille d'un magistrat. Il a créé pour elle une agence immobilière, la Cornix (Cor, contraction de *corvo* [corbeau en italien]), sponsor de son équipe qui connaîtra, après une courte interruption, une deuxième vie éphémère en 2006.

Par l'intermédiaire du constructeur de cycles Ernesto Colnago, Varjas avait embauché Sandro Lerici, un technicien de la Spezia chargé de la diriger.

La Cornix se produisait en Italie parce qu'en Hongrie ses rivales, de moindre envergure, évitaient la confrontation, si bien qu'elle se retrouvait souvent seule au départ des courses nationales. Puis en mai 2000, son rouleur, le très modeste Peter Legradi, avait donné du fil à retordre dans le championnat national du contre-la-montre à Laslo Bodrogi, médaille de bronze au mondial de la spécialité. Ce résultat inespéré avait fait beaucoup jaser et, qui sait, installé un doute dans l'esprit de ceux qui s'étaient accaparé son prototype. Car peu de temps après, Paride Cordoni l'avait informé d'un nouveau transfert d'argent, deux millions de dollars en quatre versements déposés sur des comptes off shore.

« Un jackpot, me dit-il, le genre de chose qui n'arrive qu'une seule fois dans la vie. »

Seize ans plus tard, dans le café du centre de Budapest où je l'avais rejoint, il se délectait encore de ce miracle à l'italienne.

« C'était d'autant plus inattendu, m'a-t-il dit, que je me serais contenté des trois cent mille dollars, déjà un bel acompte... »

J'insistais :

« Et vous ne vous êtes pas interrogé sur la provenance de cet argent ? Sur l'identité du ou des acquéreurs ?

— Comme on dit, l'argent n'a pas d'odeur. »

Il avait vendu un savoir, le reste ne le regardait pas. Ces deux millions de dollars, c'était le prix de l'exclusivité. De l'omerta. Cordoni lui avait recommandé de faire le mort pendant « dix ans », de garder le silence. Pourquoi dix ans ? Il l'ignorait. Il pouvait s'agir d'une échéance arbitraire étalonnée sur la durée moyenne d'une carrière cycliste. Et puis, passé ce délai, la moindre innovation est fatalement copiée ou dépassée. Quant au rôle exact de Cordoni, il hésitait. Il se rappelait sa pâleur en découvrant le prototype.

« Quand il l'a vu, il m'a dit, oh là, *cazzo* ! Ne le montre à personne ! Et ne dis rien à personne. Avec ça, tu vas te faire de l'argent, te mettre à l'abri pour le reste de tes jours.

— Pourquoi lui avoir montré à lui ?

— Il m'avait accueilli, logé en Italie, ouvert des portes, c'était le seul ami que j'avais à l'époque. Après... »

Il avait eu du mal à finir sa phrase. Cette conversation semblait l'embarrasser soudainement.

« ... après, après, il m'a dit, prends ces deux millions, prends-les et oublie tout ça, va dormir et comporte-toi en homme.

— Ce qui voulait dire ?

— Respecte ta parole et tu n'auras pas de crainte à avoir ; dans le cas contraire, mes jours seraient comptés.

— Vous n'aviez pas peur d'être dépossédé de votre invention ? Que d'autres s'en emparent ?

— Ils m'avaient payé, j'avais accepté. »

Quelque chose m'échappait. Je me fis plus pressant.

« Le prototype en soi ne servait à rien. Il fallait pouvoir l'adapter, l'insérer dans un cadre en carbone, tout ça nécessitait du temps, des compétences...

— Ce n'était qu'une question de moyens. Si les acheteurs avaient de l'argent, et on peut penser qu'ils en avaient, rien de plus facile, avec de bons techniciens, en deux jours, c'était fait. »

Varjas n'était pas dupe. Quand on investit deux millions de dollars dans un prototype c'est parce qu'on va pouvoir en gagner dix, vingt fois plus. Deux millions, ce n'étaient que des miettes. D'autres s'étaient sûrement servis au passage. Mais qui ? Le spectre d'Armstrong revenait se glisser dans la conversation. Qui d'autre dans le peloton avait cette puissance économique ? Une possibilité de parier sur l'avenir ? À travers sa fondation, ses contrats publicitaires, son partenariat avec Nike, le Texan pouvait pratiquement tout s'acheter. Dès lors, pourquoi pas une invention ?

« Armstrong, c'est ce qui vient en premier à l'esprit, comme on dit, ça tombe sous le sens. Mais ça pouvait tout aussi bien être un industriel qui cherchait à développer ses propres moteurs », avait coupé Varjas.

Il fronça les sourcils.

« En tout cas, tout ça n'a pas été très simple à vivre. »

Les premiers temps, il dormait d'un sommeil agité.

Ceux qui avaient acheté son prototype pouvaient avoir de bonnes raisons de l'éliminer. « Tout aurait très bien pu se terminer à la morgue... », avait-il lâché dans un pâle sourire.

Conversation avec Massimiliano Lunardini, ami et compagnon d'entraînement de Varjas, à l'US Cassano.

« Après la vente de son prototype, Stefano a mené la grande vie... Il roulait au volant d'une

Audi S8 et brassait pas mal d'argent, beaucoup d'argent, il pouvait se trimballer avec cent mille euros, sous les fesses, comme ça, en liquide... et la semaine suivante, il n'avait plus rien à manger. Il avait mis sur pied un business incroyable et dépensait un fric fou avec des femmes, différentes tous les soirs. Le week-end, il retournait en Hongrie, là-bas, sur le lac Balaton... Et puis un jour il a disparu, je ne l'ai revu qu'en 2008... Tout avait changé. Il avait faim, n'avait plus d'argent et dans ses yeux je voyais la peur... Il faisait des affaires mais il tremblait de peur. C'était un homme en fuite. Pendant plus d'un an, je n'ai plus eu de nouvelles, il se cachait et dormait dans sa voiture, sur des parkings. »

Des informations « al dente ».

Au sein de l'US Postal, tous les équipiers d'Armstrong et membres du staff, y compris les mécanos, étaient bâillonnés par une règle interne qui s'énonçait clairement : interdiction de s'exprimer publiquement, à titre personnel, en dehors des banalités d'usage, ne rien éventer ou divulguer, qui ne soit auparavant entériné, approuvé par le boss.

Le Texan réglait sa communication à la virgule près. Il se voulait l'interprète infaillible du « survivant » qui tout en pédalant évangélisait les foules sur l'autel de sa propre gloire. Lors de ses conférences, il prenait des poses, se pinçait les lèvres, feignait un air recueilli, retardant le seuil de l'expression, comme s'il devait composer avec des intelligences attardées. Pour s'attirer la sympathie d'un interlocuteur, il puisait dans l'arsenal de la démagogie. (« Très bonne question, je me la suis posée moi aussi... » ou bien encore « Vous voyez juste, en fait, c'est la question... », rétorquait-il au journaliste en insistant sur le « la » ou, plus flatteur encore, « Je n'avais pas vu les choses sous cet angle, mais c'est intéressant... ».) Au grand jeu des vanités, il usait de toutes les ficelles de la rhétorique pour susciter l'empathie. « Aujourd'hui, j'ai traversé une de mes pires journées de coureur », déclarait-il au soir d'une étape alpestre anodine. Ou « J'en ai vraiment bavé », quand son comportement en course suggérait le contraire. Il s'ingéniait à théâtraliser tout ce qu'il vivait, singeant l'humilité, l'inquiétude quand tout autour de lui était balisé.

Je me souviens du ton sentencieux, prophétique, de ses déclarations. Il ne disait pas «J'aimerais gagner le Tour» ou «J'espère le gagner à nouveau» mais «Je vais gagner le Tour». Ce n'était qu'une formalité. D'ailleurs, il pariait très lourd sur ses propres victoires, des millions de dollars auprès d'une compagnie d'assurances.

Certains jours, il se plaignait du battage médiatique qu'il provoquait mais aurait conçu du dépit de n'en susciter aucun.

Qu'est-ce qui le rendait si sûr de lui ?

Remontent mes étonnements d'alors.

Sur sa confiance inébranlable, inconciliable avec les lois de sa profession.

Il n'avait jamais redouté la chute, la maladie ou ce fameux «jour sans», irréparable, qui avait paralysé Anquetil en 1964 dans les brouillards de l'Envalira, ou Merckx rejoint par le déclin en 1977 sur les revers du Glandon.

Sur le Tour, le Texan était toujours accompagné d'un cuisinier, un Suisse, Willy Balmat, grand type lymphatique, au regard taciturne, «orfèvre dans l'art de cuire les pâtes *al dente*» comme Bruyneel aimait à le répéter. Balmat concoctait tous les repas de l'équipe, et lui seul avait ce pouvoir-là. Tout était surveillé, contrôlé, comme si le

Texan redoutait un empoisonnement, une malveillance. Alors, chaque année, sur le Tour Balmat prenait soin d'emporter des produits alimentaires de base :

— 20 litres d'huile toscane ;

— 8 kg de parmesan ;

— 1 quintal de pâtes Barilla numéro 5 qu'il faisait cuire une minute de moins qu'indiqué sur l'emballage.

À la table commune, les règles alimentaires étaient strictes, draconiennes. Elles prohibaient les desserts, le chocolat et le vin, excepté les soirs de victoire. Ses équipiers avaient interdiction de prendre du poids pour être en mesure de l'épauler dans les cols, alors certains se rationnaient jusqu'à l'anorexie.

Le secret de Lance reposait, disait-on, dans ses infinis détails, des « gains marginaux » que l'attaché de presse de l'US Postal livrait à la gloutonnerie des médias et au compte-gouttes, comme ces perfusions que le Texan et ses équipiers s'enfilaient dans les veines, après dîner, dans l'intimité d'une chambre d'hôtel, sous la lueur défunte d'un abat-jour.

De l'importance des détails.

Interpellé en juillet 2002, dans le Tour, sur son hégémonie, Lance Armstrong avait répondu qu'il était non seulement doué, mais qu'il travaillait beaucoup plus que les autres.

« Si je suis si fort, c'est parce que dans tous les domaines qui créent la performance, j'ai ce qu'il y a de meilleur. Dans tous les domaines, l'entourage, le matériel, j'ai recherché l'excellence. Tout est calibré, façonné pour moi. D'un bout à l'autre de la chaîne, il n'y a aucune faiblesse, aucune possibilité d'erreur. »

Décembre 2016.

Au téléphone avec Sandro Lerici, ancien directeur sportif de la Cornix.

« C'est Ernesto Colnago qui nous a mis en relation avec Istvan, pendant l'hiver 2005. Ernesto, je le connaissais de longue date depuis les rangs amateurs. J'avais couru sur ses vélos, à la Passerini-Colnago avec Guido Bontempi et Pino Farraca et bien plus tard j'avais dirigé le vivier de l'US Bottegone, un club de Toscane qui a vu passer beaucoup d'aspirants, des espoirs de grand renom, Michele Bartoli, Alessandro Petacchi et Luca Scinto, en remontant plus loin dans le temps, Francesco Moser, à la fin des années 1960, parce que dans la région de Trento où il vivait, il n'y avait pas suffisamment de courses. Moser avait dû s'expatrier ici en Toscane, comme tant d'autres. C'est avec lui que tout a changé, bizarrement, en 1984, quand le groupe Enervit l'a pris en main avec le professeur Francesco Conconi, et son collaborateur, Michele Ferrari, que Moser fera engager dans le groupe Gis, après son record de l'heure. Fini le romantisme, le temps où les coureurs marchaient à l'intuition… Je regrette ce temps-là… Si un coureur gagnait une course avec des socquettes noires, par superstition il ne pensait plus courir autrement qu'avec des socquettes noires. Il leur attribuait des vertus magiques. Et personne ne pouvait le faire changer d'avis… Les coureurs étaient prêts à croire à tout ce qui pouvait les faire aller plus vite car alors, tout était très empirique, l'entraînement, on vivait sur de vieilles traditions... J'étais le représentant de Colnago en Toscane quand Ernesto m'a dit, écoute Sandro, il y a là Stefano Varjas, un Hongrois, il a comme projet de monter une équipe professionnelle avec des jeunes de son pays, tous les meilleurs, il veut développer le cyclisme en Hongrie, bien sûr, il faudra les former, ça pourrait t'intéresser. Je n'ai pas réfléchi très longtemps avant de donner ma réponse. Ça tombait bien. Après la dissolution de l'équipe Vini Caldirola où j'avais dirigé Roman Vainsteins, Francesco Casagrande, Gianluca Bortolami, j'avais dû accepter un travail de représentant mais je m'ennuyais un peu, alors j'ai vite été d'accord, à la seule condition que je puisse imposer mes anciens collaborateurs en qui j'avais toute confiance. Là, c'était un peu particulier. Je connais les gens de l'Est, je les avais vus arriver dans le peloton, souvent très incultes et pas toujours faciles à diriger. Alors, j'ai exposé le projet à tous mes collaborateurs, mes anciens masseurs, mécaniciens, et la Cornix a démarré. Je ne connaissais pas Stefano ni sa femme de l'époque, Reka, qu'il avait nommée présidente. Elle manageait tout. Lui n'avait pas encore renoncé à courir. C'était un bon rouleur qui ne rechignait pas à l'effort, sur le plat il avait de l'abattage, ça se sentait quand il prenait des relais, derrière, les autres donnaient de la bande... Ses problèmes de poids n'empêchaient pas la qualité. Il avait d'ailleurs gagné des titres de champion de Hongrie sur piste avec ses propres jambes, sans se doper, et je sais que ce détail a eu par la suite de l'importance. Stefano c'est un type singulier, original. Il l'a toujours été, tout jeune déjà, à l'US Cassano. Il a fait ses classes dans le Tour de la Lunigiana aux côtés de Leonardo Piepoli. Il s'entraînait dur tout en poursuivant des études de physique et le soir, il lavait les vitres des voitures. Avec les deux cent mille lires que lui versait le club comme salaire, ça lui faisait un petit pécule, oh pas grand-chose, mais pour le Hongrois d'origine modeste qu'il était, c'était de l'argent. Il devait se payer ses études et ses multiples allers et retours à Budapest. Parfois, il emmenait des équipiers là-bas, chez une guérisseuse, elle s'appelait Ilike... Certains en revenaient regonflés moralement... Je suis moi-même souvent allé à Pécs, j'ai pu connaître son père Istvan, ingénieur à la centrale électrique, sa sœur Eva et son mari, un dentiste, tous très éduqués, et sa tante, Heidi... Une famille splendide, cultivée. Dans les descendants vous trouvez un compositeur, un architecte. En comparaison, Stefano dénotait, lui, c'est un tzigane. Souvent je lui demandais pour rire : "Ma dove cavolo sei nato ?", oui, d'où venait-il ? Et il se marrait. Il disait : "Je suis le fruit qui est tombé au plus loin de l'arbre". Et c'était vraiment ça. Avec la Cornix, on a gagné toutes les courses du calendrier hongrois, face à d'autres équipes désargentées qui devaient s'arranger, jongler avec les budgets de cent mille dollars. Ce qui n'était rien par rapport à nos moyens à nous. Alors, bien sûr, elles nous voyaient débarquer d'un très mauvais œil, nous qui avions déjà un camion atelier, des voitures techniques appareillées avec du matériel dernier cri, des vélos de chrono, des roues de rechange, en Hongrie on raflait tout, pas comme en France, en Italie. Nous étions invités dans les courses d'ouverture, au Grand Prix La Marseillaise, à Donoratico, en février... Mais là, c'était une autre musique, on ne faisait pas la maille, question de mentalité. On a quand même eu quelques satisfactions avec Legradi, notre rouleur, qui avait tenu la dragée haute dans le championnat national du chrono à Bodrogi et Balint Szeghalmi qui est passé professionnel à la Lampre. Lui se défendait bien dans les cols. Mais très vite ça s'est dégradé, financièrement, à cause du dopage, des scandales, des conséquences de l'Opération Puerto, Ullrich y était mêlé, de même que la Telekom, alors nos partenaires allemands se sont retirés. On s'est retrouvés le cul par terre. Stefano a commencé à se démoraliser, je crois que la faillite de la Cornix l'a chaviré. Une grande désillusion. Après il y a eu toute cette polémique sur les vélos à moteur, avec des rumeurs autour de Cancellara, au début, je n'ai rien compris. J'ai mis du temps à faire le lien avec certains comportements de Stefano, son revirement. Je l'avais vu se transformer, changer d'humeur. Il partait faire des tests de matériel sans m'en avertir, sans m'affranchir, avec des choix contestables, il réclamait des cadres en aluminium quand Colnago nous offrait ce qu'il y avait de mieux, en carbone, et des roues à jantes larges alors qu'on s'entraînait sur des routes en mauvais état, ça n'avait aucun sens. Je pensais bien qu'il manigançait quelque chose mais quoi ? Il fut tout un temps où je n'ai plus eu accès à lui…

… Il s'enfermait dans son garage…

… Il y passait des journées entières puis, sans prévenir, filait à Budapest ou en République tchèque, je ne sais où, pour soi-disant mettre au point avec des amis, des experts en électronique, un nouveau système d'oreillettes… Un personnage était apparu à ses côtés, un Mauricien, Dev, un gourou qui l'avait acquis à des techniques de méditation et de respiration. Avant qu'il m'éclaire sur ses activités, seul Dev avait le droit de s'occuper de son vélo, de le placer sur la galerie, de le ranger dans le garage, personne à part lui ne pouvait y toucher. Ce n'est qu'après, bien plus tard, en 2009, qu'il m'a dit qu'il faisait fabriquer des piles, des cylindres, des pièces coniques dans des ateliers qu'il connaissait... Et puis, un jour, il m'a montré son prototype, nous sommes allés le tester à Marinella di Sarzana près de chez moi. Il s'amusait à rouler à hauteur de la voiture. Le compteur marquait 90 kilomètres heure !... Et tout en roulant, il me parlait, se laissait distancer puis revenait, me doublait, sans même être essoufflé. Malgré son poids ! C'était sidérant. De toute évidence on vivait un grand tournant technologique. Il me disait qu'il voulait aider les handicapés, des amis à lui, qui avaient perdu une jambe ou un bras, en Serbie, ou dans un accident, il m'en a présenté quelques-uns... Il me disait : "Tu vois, c'est pour eux que j'ai fait ce moteur, pour leur faciliter la vie." Après bien sûr, entre les intentions et la réalité... Le moteur, c'est comme un pistolet Beretta, on peut s'en servir pour s'amuser sur une cible, pour se défendre ou pour assassiner quelqu'un. Je ne crois pas que Stefano ait jamais eu l'idée d'utiliser ce moteur en course, comme je ne crois pas qu'il ait vendu son prototype et plus tard des roues, en pensant qu'un champion tricherait avec, il aime trop le cyclisme même si le monde du cyclisme l'a déçu. Ensuite, il a cherché à commercialiser son moteur avec Davide Boifava mais Boifava était réticent. Après la controverse de Cancellara, tout s'est accéléré, d'autres constructeurs ont investi le marché, notamment la Vivax qui avait son siège à Empoli, mais leurs moteurs étaient plus lourds, plus fragiles et moins efficaces que le sien, d'après ce que j'ai pu comprendre… Leurs prototypes développaient 80 watts et se brisaient régulièrement. Ceux d'Istvan pouvaient atteindre 240 watts et restaient très solides, très fiables. Il était important qu'il conserve la propriété intellectuelle de son invention, avant que d'autres ne s'en emparent et ne l'écrasent avec leur argent. Quand j'ai compris ça, je lui ai conseillé d'aller voir Cassani sur la Rai, je les ai mis en contact et il y est allé, c'est la preuve de sa bonne foi, de son honnêteté. S'il était animé par de mauvaises intentions, il n'aurait jamais montré son vélo en mondovision. Il ne voulait pas seulement faire connaître son travail, il cherchait aussi, par ce biais, à dénoncer, prévenir certaines dérives. Et cet acte le dédouane. L'apparition du vélo à la télévision ne lui a en rien facilité les choses, bien au contraire. Stefano s'est retrouvé à Turin, dans le bureau du juge Guariniello qui voulait savoir quels coureurs utilisaient le moteur, il a même été auditionné par le FBI et par l'UCI, les gendarmes français l'ont approché sur le Tour. Il leur a donné à tous des conseils pour ferrer les tricheurs… personne n'a rien fait. Je me demande encore pourquoi l'UCI l'a convoqué à Aigle. À quoi cela aura-t-il servi ? »

Dès 2002, Jean Wauthier, un ergonome belge, avait mis en garde les responsables de l'UCI contre cette menace des vélos à moteur. Il fallait anticiper la marche souterraine des tricheurs. C'est Hein Verbruggen, alors président de l'Union cycliste, qui l'avait pris comme conseiller pour tout ce qui touche au matériel, impressionné par les analyses que cet expert distillait sur la télévision belge d'expression française – la RTBF – auprès du commentateur Théo Matthy. Dix-huit ans auparavant, l'Italien Francesco Moser avait ouvert une brèche et jeté l'anarchie dans les règlements, en battant le record de l'heure à Mexico sur un vélo surbaissé, au cadre plongeant muni de roues lenticulaires, de différents diamètres, sans que personne ne s'en formalise. Chacun y allait de son innovation. On avait vu Greg LeMond et Gilbert Duclos-Lassalle se présenter au départ d'un Paris-Roubaix sur des vélos munis de fourches télescopiques, l'excentrique Graeme Obree s'élancer sur «l'heure» en 1993 cabré sur un vélo de sa conception, avec un guidon à l'état de moignon et le reste bricolé à l'avenant avec des pièces récupérées dans sa machine à laver. Les règlements étaient contournés, piétinés, bafoués. Verbruggen s'en était remis à Jean Wauthier pour «démêler tout ça» et rétablir une certaine orthodoxie. L'expert avait accouché d'une nouvelle charte limitant les dérives en prenant pour norme Eddy Merckx, le dernier à s'être élancé sur l'heure, en 1972, sur un vélo classique.

Jean Wauthier avait accepté de me recevoir à son domicile de Wépion, sur les bords de la Meuse, à quelques kilomètres de Namur.

Un homme affable, précis, méticuleux, qui avait rempli jadis de hautes fonctions à la Texaco.

Il commença par me retracer la chronologie des événements. C'est en 2002, lors d'une visite de l'usine Shimano en Hollande, qu'il avait été saisi d'un pressentiment. Un des responsables de la firme japonaise lui avait présenté un vélo motorisé qui l'éveilla sur l'émergence d'un danger potentiel.

« Le moteur était alors assez grossier, me dit-il, et même très apparent.

— Il n'était pas encore utilisable ?

— Pas encore, mais quand j'ai demandé aux techniciens s'il était possible de le miniaturiser, pour eux ce n'était qu'une question de mois. »

Dans son rapport, il avait aussitôt alerté l'UCI.

« Dans deux ou trois ans, avait-il écrit, le vélo à moteur deviendra un problème. Il faut dès à présent en tenir compte. »

Il l'avait répété, martelé, à Varese, en 2008 lors du congrès devant un large auditoire, il avait dit que la « possibilité que des vélos à moteur puissent circuler dans les pelotons » existait déjà fortement. Mais ses avertissements étaient restés vains. Sans écho. Il s'était heurté aux ambitions hégémoniques de quelques managers anglo-saxons qui puisaient dans les évolutions technologiques la promesse d'une manne commerciale prolifique et s'était retrouvé peu à peu marginalisé au sein de son propre département. Il avait eu la désagréable sensation de mener un combat perdu d'avance contre un lobby. Même si rien n'arrête le progrès. Il me l'avait redit sur le pas de sa porte, avant qu'on ne se sépare. « Gardez ça à l'esprit, ce que la technologie peut faire, elle le fera. » Jusqu'à la fin, il avait néanmoins continué à consulter régulièrement le registre des brevets, les numéros d'ordre des projets déposés ou en cours. Oui, il se souvenait très vaguement d'avoir lu le nom d'un ingénieur hongrois, d'un certain Istvan Varjas, mais alors, il n'y avait guère prêté attention.

Le regard d'Escartin.

Depuis l'appel nocturne de Laslo, je ne cessais de ressasser les événements.

J'avais relu quantité d'articles concernant Lance Armstrong – déclarations à chaud, interviews factuelles – en tentant de capter les intentions derrière chaque mot ou intonation, en me gardant aussi de céder aux vertiges de la lucidité rétrospective.

Après sa victoire miraculeuse du 13 juillet 1999, à Sestrières, qui l'intronisait sans autre préambule dans le gotha des rois de la montagne, il s'était glorifié de la facilité déconcertante avec laquelle il était revenu dans les derniers kilomètres sur l'Espagnol Fernando Escartin, un pur grimpeur au teint olivâtre de la Kelme.

«J'étais à l'aise, tranquille, j'avais l'impression de rouler sur le plat.»

À Johan Bruyneel, qui au volant de sa voiture, du bout de son oreillette, l'incitait à «tuer» le Tour sans plus attendre, comme s'il avait saisi que le Texan en gardait sous la pédale, Armstrong avait simplement répliqué, sans même hausser le ton: «Ne t'inquiète pas, Johan, cette étape, je vais la boucler! *The guy* (il parlait d'Escartin), je vais le reprendre et on n'en parlera plus.»

Et il l'avait repris et distancé de vingt secondes en moins d'un kilomètre, sans même s'en rendre compte. Aurait-il pris la peine de se retourner, il aurait surpris dans le regard médusé de l'Ibérique, au visage triste et buriné, une lueur d'incrédulité qui s'était propagée par vagues jusqu'à la salle de presse. Dans sa biographie, revenant sur cet instant clé où pour la première fois il apparaît presque aérien, mû par un mécanisme diabolique, Armstrong raconte qu'il allait si vite qu'au sortir d'un virage, son vélo avait fait un curieux bond en avant, «un peu plus, écrit-il, et je montais sur le dos des motards de l'escorte!». Ce jour-là, il pédalait comme dans un rêve, sur une route imaginaire qu'il était seul à emprunter.

Derrière son apparente sérénité, la terre régurgite des objets, des résidus de toutes sortes, par un phénomène de force centrifuge, d'érosion ou de glissement géologique. Cela peut s'étendre sur des années, des millénaires. Mais comme le répétait Istvan, « tout finit par se savoir, par remonter à la surface, à la connaissance des hommes ».

J'y ai repensé l'autre matin, en retombant sur une vieille coupure de presse effrangée. Elle témoigne de ce besoin pathologique que j'avais d'archiver la marche du monde dans ses moindres soubresauts, jusqu'à l'anecdote. Sur une feuille, j'avais collé un bout d'article.

Il remonte au mois d'août 2000.

D'après cet article, Armstrong s'était rendu en Hongrie pour y tourner un spot publicitaire pour Nike.

Il était arrivé à six heures à Budapest, en jet privé, en provenance de Nice, accompagné de Johan Bruyneel. De là, un concessionnaire de la Trek, un certain Tordai, les avait conduits à bord d'une limousine à Vertesboglar, à deux heures de Pécs. Armstrong avait posé une condition à sa visite : qu'elle s'entoure de la plus extrême discrétion. En aucun cas les journalistes ne devaient en être informés. Pendant les préparatifs, on l'avait vu parler avec Laslo Bodrogi et plus longuement avec Tordai, un Hongrois naturalisé canadien, qui s'était étonné auprès de lui de la soudaine métamorphose de modestes équipiers, capables d'exploits spectaculaires que Merckx n'aurait pas désavoués.

« Ce n'est qu'une question d'entraînement, avait coupé Armstrong, ils travaillent dur, c'est tout, il n'y a rien d'autre à comprendre. »

J'ai visionné le spot Nike, tourné ce jour-là, dans l'univers reconstitué d'un cirque. La séquence s'ouvrait sur l'agonie d'un éléphant, allongé sur le flanc, et sur le désespoir du dresseur en tenue de gala : « Il est en train de suffoquer, s'écriait ce dernier, je vous en prie, vite, faites quelque chose. On va le perdre ! » Alors Armstrong, par un bouche-à-bouche, ressuscitait l'animal comme lui-même s'était relevé du cancer. « Pourquoi le Sport ? disait le slogan. Parce qu'il te donne des bons poumons. » Qu'est-ce qui justifiait le choix du lieu, pour le moins étrange, et la présence de Bruyneel ? Armstrong s'était-il déplacé jusqu'à Vertesboglar pour rencontrer Varjas ? Subsidiairement, Varjas me disait-il la vérité ?

À Minneapolis où il réside avec sa femme Kathy et leurs enfants, Greg LeMond s'est longtemps retranché dans un silence plus ou moins volontaire, dont personne ne mesurait la force ni les implications. Le Tour était devenu toxique. Comme il le disait, «je n'y ai plus ma place». Aux États-Unis, une guerre sans trêve, dont il appréciait mal l'issue, l'opposait à Lance Armstrong dans un climat de détestation mutuelle. Il ne se passait pas un mois sans qu'Armstrong n'actionne ses relations, pour entraver ses démarches commerciales, allant jusqu'à débaucher ses collaborateurs. Quand la NBC l'avait sollicité en 2010 pour commenter le Tour, le Texan avait œuvré en sourdine pour que les négociations échouent. Pourtant ils avaient surmonté les mêmes affres, les mêmes souffrances, sans éprouver la moindre empathie l'un pour l'autre. LeMond avait lui aussi frôlé la mort, en avril 1987, au plus fort de sa carrière. Un membre de sa famille l'avait criblé de balles et vidé de son sang au cours d'une malheureuse partie de chasse dans la forêt de Sacramento. Une tragique méprise. Il en traînait encore les séquelles, une quarantaine de plombs dans les poumons, au moment de son come-back, réussi, dans le Tour 1989, aux dépens de Laurent Fignon. Un exploit salué par toute l'Amérique. LeMond avait des raisons de se sentir injustement traité par la presse de son pays. Car c'était lui le pionnier, lui qui avait ouvert la voie. C'est dans son sillage qu'en 1986, la chaîne ABC avait couvert et tout à la fois découvert le Tour avec, sous la direction de Pierre Salinger, l'ancien porte-parole de John Kennedy à la Maison Blanche, à l'époque directeur du bureau parisien de la chaîne new-yorkaise.

Le besoin d'Amérique était déjà là dans l'aura, le renom de LeMond et dans les cartons de Félix Lévitan, le codirecteur et grand argentier du Tour qui rêvait d'un départ à Washington, vieux rêve à jamais enfoui, congédié.

J'écris ces lignes par une journée pluvieuse à Paris.

Trente ans ont passé.

C'est la figure de Salinger qui revient et s'impose avec force dans mon souvenir. Je le revois en chemise kaki avec des poches à soufflets, dans son fauteuil en cuir, le sourcil broussailleux, le regard métallique, dense, pénétrant, un cigare cubain coincé entre ses dents jaunies par le tabac, dans cet ancien autobus où il m'avait reçu, un Saviem réaménagé en bureau itinérant. Il y faisait une chaleur de four. Une veste gris perle, recouvrant une chemise blanche et une cravate en laine tressée, pendait derrière lui, sur un cintre en métal : son uniforme à l'antenne. Oui, je le revois dans ce foisonnement de la nature qui grésillait derrière les vitres, dans cette luminosité irradiante de l'été, Salinger me parlant sur un ton débraillé de son deuxième mariage avec une Française, me parlant d'Eddy Merckx (« une des personnalités les plus fortes que j'aie connues »), passant de Merckx aux choses du Tour, et du Tour à la France, la France des vignobles, du Bordelais, martelant à chaque phrase, sans accent, son attachement viscéral pour ce pays de vin et de littérature où il avait passé de 1968 à 1987 quelques belles et très heureuses années de son existence. Salinger, enthousiaste, renversé sur son fauteuil, pieds croisés sur le bureau, se resservant un verre de bourbon.

Disant :

« Le Tour, c'est une légende et les Américains, je crois, l'ont parfaitement compris, ils savent qu'aucune autre course ne pourra jamais rivaliser. »

Les audiences étaient si bonnes que Beth Nissan, la présentatrice de « Good Morning America », l'émission phare de la chaîne, projetait de venir la présenter sur place l'année suivante. « Jusqu'ici les Américains n'avaient de ce sport qu'une vision restreinte, avait relancé Salinger, avec en point d'orgue la course olympique de Los Angeles. Mais le Tour les a conquis, le Tour a du succès et c'est nouveau… »

Il avait tiré une longue bouffée de son cigare.

« Malheureusement, chez nous, ce sport n'a pas d'avenir, il ne pourra jamais se développer. Pour que les sponsors se décident à investir dans la partie, que les télés privées s'y intéressent, il nous faudrait un cyclisme de village. Seule peut-être la traversée des États-Unis, cinq mille kilomètres, de San Francisco à Boston, serait susceptible de passionner le pays. »

Il avait marqué un léger silence.

« Mais, quoi qu'on fasse, ça ne vaudra jamais ça ! » avait-il conclu en pointant du doigt un moniteur sur lequel défilaient les images du direct, de l'étape du jour, à travers les volutes de fumée blanche de son cigare.

Quelques jours plus tard, cinq millions d'Américains – l'équivalent en terme d'audience d'une finale de Wimbledon – avaient assisté à l'improbable renversement de Laurent Fignon par Greg LeMond, pour huit petites secondes sur les Champs-Élysées. Armstrong était-il devant sa télévision ce jour-là ?

23 avril 2011 – 23 mai 2012.

J'étais resté quelque temps sans nouvelles de Varjas puis j'avais appris son arrestation à Monaco. Placé en garde à vue, Istvan avait purgé une peine de sept mois de prison en Principauté avant d'être extradé sous mandat international à Pécs, où il était resté incarcéré quatre mois, pour « évasion fiscale ».

À sa sortie, nous avions repris nos échanges téléphoniques.

L'emprisonnement ? « Un mal pour un bien », disait-il.

Il en avait fini avec cette clandestinité qui le jetait sur les routes, dans des hôtels de passage, fuyant des malfrats, le fisc, dans la peur d'être reconnu, loin du nid familial et de ses enfants qu'il allait embrasser la nuit, à la dérobée. À Monaco, il s'était parfaitement adapté aux conditions carcérales. La nourriture était saine, « bien meilleure que dans les hôpitaux », et le règlement interne l'obligeait à une hygiène de vie régulière. Il se levait et se couchait à heure fixe, avait repris le sport, maigri de trente kilos et surtout, il s'était remis à étudier la physique, livres en main.

Ses doses d'EPO dans le frigo.

Aux dires de ses partenaires, Lance n'était pas très prudent, il conservait ses doses d'EPO dans son frigo sans prendre la peine de dissimuler l'emballage. Floyd Landis s'était souvenu auprès du *Wall Street Journal* l'avoir vu se doper librement, sans aucun scrupule, devant sa femme et ses enfants.

«Lance était décomplexé sur le dopage, témoignera Tyler Hamilton, l'un des repentis de l'US Postal, l'une de ses règles était que quoi que tu fasses, il y aura toujours d'autres salopards qui iront plus loin.» Aux yeux d'Armstrong, tout le monde se dopait, «ça faisait partie des choses de la vie, disait-il, comme l'oxygène et la gravitation». Il n'y avait pas d'autre issue. Et ce n'était pas lui qui avait inventé ce fléau, endémique, consubstantiel à l'histoire du cyclisme. En 1924, les frères Pélissier en avait déjà dénoncé les ravages en gare de Coutances, et Fausto Coppi n'avait jamais renié qu'il marchait à «la bomba», un détonnant mélange d'amphétamines et de Kola Astier qu'il prenait chaque fois que c'était nécessaire, c'est-à-dire tous les jours. Dès lors, de quoi Armstrong devait-il se sentir coupable ? D'avoir emprunté les mêmes dérives ? «En 1999, j'étais fou de rage qu'on me suspecte d'être dopé, avait-il commenté, je me relevais du cancer, j'avais souffert comme un damné, et on me traitait de tricheur ! Je croyais que je ne pourrais jamais pardonner. Aujourd'hui je sais que c'était inévitable, que si Saint-Jean avait gagné le Tour à ma place, on l'aurait accusé lui aussi de s'être dopé.»

Je suis allé trois jours à Pécs.

Je me revois, sur un banc de la place Szent István tér, face au fronton monumental du collège Leowey Klara Cmnazium réputé pour ses cours de physique.

Une odeur automnale de moisissure flottait dans l'air et partout des feuilles mortes dans les allées.

Sur la place, quelques marronniers dénudés, des pelouses jaunies ourlées par des bandes de ciment, une sensation d'absence. Istvan venait y jouer jadis quand c'était encore un jardin d'enfants. Était-ce le bâtiment et sa façade austère ? La présence surannée d'une vieille Lada couleur mastic garée à l'angle d'une rue pavée ? Deux époques semblaient se fondre, comme un écrit s'imprime en saillie, par foulage, au verso du papier.

Sur mon banc, j'avais beau essayer d'imaginer à quoi pouvait ressembler la vie à Pécs, au temps du communisme, ce temps me restera à jamais inconnu. Comment comprendre ce qu'on n'a pas vécu, expérimenté dans sa chair ? Les peurs. Les dénonciations. Les amitiés poreuses. Ce monde d'hier, clos, sans avenir.

À l'époque, il habitait avec sa famille au 44 de la rue Antal Varadi. Une longue bâtisse de plain-pied aux murs ocres, structurée autour d'une cour carrée avec ses dépendances, un jardin privatif.

Sa sœur Eva m'y avait accueilli. Elle y réside seule, avec son mari et leurs enfants.

Nous avions bavardé quelques instants dans sa cuisine qui abritait jadis la chambre d'Istvan. Sur une étagère, parmi d'autres bibelots et miniatures de cristal, une petite tour de Pise en résine.

Le midi, j'avais retrouvé Istvan dans un restaurant de quartier. Sa tante Heidi, la soixantaine, blonde, chaleureuse, qui tient une boutique de prêt-à-porter sur la Jokai Mor, était venue se joindre à nous. Varjas avait tenu à me la présenter. La mère d'Heidi, professeur de piano, était cousine du compositeur Franz Lehar qui s'était expatrié en Autriche, à Bad Ischl, pendant la guerre.

« Nous, nous sommes restés à Pécs, et nous avons toujours vécu là », avait relevé Heidi.

Pendant le repas, elle avait évoqué les étés au lac Balaton et la figure du jeune Istvan qu'elle décrivait sous les traits d'un adolescent introverti, épris de géographie, et déjà habité par des rêves d'évasion et de revanches sociales.

« Il me disait, Heidi, choisis un pays au hasard, et il me citait la capitale, les villes, les fleuves, les pays frontaliers. »

Le dimanche, ils allaient à la messe, il arrivait qu'Istvan accompagne l'un de ses amis organistes à la clarinette. Croyait-il en Dieu, le jeune physicien ?

« En Dieu... ? Si moi je crois en Dieu ? »

Ma question l'avait amusé.

« En Dieu, non, plutôt en une intelligence, qui nous dépasse, qu'on ne peut rejoindre mais qui est là, qui existe... »

Ils avaient longtemps vécu sous le masque froid du communisme, dans la crainte des purges, d'une dénonciation ou d'une mesure d'expropriation par la milice, la police secrète, les fameux « 3 par 3 » comme ils les appelaient. Dans ce climat de délation, ils ne pouvaient se fier à personne. D'ailleurs, quand Istvan avait demandé à être admis à l'Université, cela n'avait pu se faire sans une enquête préalable de l'administration. Ils avaient interrogé le voisinage, leurs amis, pour vérifier ses convictions politiques et celles de ses parents.

« Il fallait se méfier de tout le monde. Même le prêtre, ici, à Pécs, on disait qu'il frayait avec les agents du renseignement.

— On devrait tout dissimuler, avait renchéri Heidi, un mot de travers ou mal interprété et ils venaient sans prévenir vous bastonner. »

Un matin, ils étaient venus à l'improviste leur confisquer une aile de la maison, ensuite ils avaient dû s'arranger. Toute la famille s'était saignée aux quatre veines pour racheter ce qui lui appartenait déjà. La Hongrie vivait sous le régime du travailliste Janos Kadar. C'était le seul pays de l'ancien bloc de l'Est qui permettait à ses ressortissants de voyager en Occident, à ceci près : le forint n'étant pas convertible, c'est l'État qui procurait les devises, les dispensait, pas plus de quinze dollars. Une aumône. À la condition qu'ils aient des parents, une antenne, un point de chute dans le pays visité. Derrière les apparences, tout restait sous contrôle. Dans l'ombre, la censure agissait.

« Une drôle d'époque », avait soufflé Heidi, le regard absent, semblant se demander si tout cela avait réellement existé.

Je les avais écoutés sans rien dire. Mais comment ne pas songer que ce climat de répression avait participé à développer, chez Istvan, sa force créative ? De là, aussi, sa méfiance, son goût prononcé pour les marges, la transgression, la duplicité, cette acceptation si singulière des amitiés opportunistes « qui durent tant que dure l'argent ». Et ce rejet incurable, ou plutôt cette phobie des institutions quelles qu'elles soient, qui l'avait précipité dans cette solitude insondable où je l'avais rencontré.

Deux gorilles endimanchés.

Le 18 juillet 2000, des journalistes de FR3 avaient récupéré sur une aire d'autoroute deux sacs de déchets suspects que deux membres de l'US Postal, pris en filature, avaient jetés subrepticement dans une poubelle. Dans ces sacs, des boîtes vides d'Actovegin (un produit dopant à base de sang de veau lyophilisé, commercialisé en Norvège, non inscrit sur les listes de l'UCI), vouées aux soins exclusifs d'un membre du staff, s'étaient défendus les responsables de l'US Postal. Armstrong avait aussitôt dénoncé ces méthodes intrusives et menacé de boycotter le Tour l'année suivante, en foi de quoi il y revint flanqué de deux bodyguards, deux gorilles endimanchés, bardés d'oreillettes et de talkies-walkies, chargés d'assurer sa protection.

Il avait également réclamé des organisateurs qu'ils « sécurisent certaines zones », les hauts lieux de promiscuité, les départs, les arrivées, les abords de ses hôtels. Imperceptiblement, il installait des « champs stériles » autour de sa personne, un mur infranchissable qui lui avait permis de vivre au milieu de la foule et séparé d'elle, ses gardes du corps n'ayant plus qu'une seule préoccupation : le rendre inaccessible, imperméable à toute ingérence extérieure, lui et son vélo que ses propres supporters n'avaient plus le droit de toucher, fût-ce par fétichisme.

Juillet 2013.

Greg LeMond a l'impression de se réapproprier sa propre histoire. Eurosport l'a engagé comme consultant pour commenter le Tour dont il s'était senti banni par ricochet, sous le règne exclusif, dictatorial, de Lance Armstrong dont le mythe s'était désagrégé au fil de l'affaire Landis. Pendant cette période, LeMond s'était appliqué à noter ce que le Texan dissimulait, mis à jour par les accusations portées par la femme de Frankie Andreu, qui l'avait entendu avouer à un chirurgien qu'il se dopait ; par son ancienne masseuse Emma O'Reilly à qui Armstrong demandait de masquer les traces de ses piqûres avec du fond de teint. Par quinze de ses équipiers outrés par l'incurable perversité de leur ancien leader, par ce climat d'intimidation qu'il avait instauré au sein de l'US Postal.

LeMond, tenu en éveil par ses démélés avec Armstrong, avait tout consigné sur des carnets avec l'assiduité et le sérieux d'un greffier, comme s'il en allait de sa propre survie. Et cette pratique avait développé sa méfiance et jusqu'à l'obsession ce goût de la vérité qui le définit tout entier parce que, m'avait-il rétorqué un jour, « je ne connais rien d'autre que la vérité ».

Mais un événement inattendu s'était produit. En avril 2001, lors d'une conférence sur le dopage à San Antonio. L'ancien médecin d'Armstrong, le docteur Ed Coyle (répudié par l'UCI pour avoir trafiqué des fiches médicales) avait projeté sur un écran géant les vrais paramètres physiologiques du Texan : sa capacité thoracique de 5,6 litres, son VO2 max de 78, son taux hématocrite naturel à 41, des paramètres très ordinaires, tenus secrets mais divulgués, là, devant témoins, des centaines de témoins, à l'insu du principal intéressé. Ce qu'il en retira confirmait ses intuitions. Adepte du SRM, un capteur de puissance qu'il avait utilisé, sur le Tour, bien avant tout le monde dès 1992, Greg n'avait jamais cessé de s'intéresser à la physiologie à travers des revues spécialisées et les travaux d'un expert, Frédéric Portoleau, allant jusqu'à publier des chroniques douces-amères sur ce thème, dans *Le Monde*, pendant le Tour 2009.

Sur la foi des informations enregistrées par le SRM, on peut savoir en effet si un coureur triche ou non, par l'évaluation de sa puissance de pédalage en watts à condition de connaître sa mesure de base, étalonnée par son VO2 max mais soumise à caution car il arrive que des coureurs se dopent avant de se prêter au test, afin d'en majorer les résultats.

Le calcul était simple.

Avec un VO2 max de 93, Greg n'avait jamais développé plus de 400 watts dans les cols. Or Armstrong dépassait les 500 watts sur la montée de la Madone au-dessus de Monaco et 475 watts dans l'Alpe d'Huez, avec un VO2 max de 78, de quinze points inférieur au sien. Là où en théorie il n'aurait jamais dû dépasser le seuil de 375 watts. Dès lors, comment expliquer sa vitesse ascensionnelle en totale contradiction avec les lois physiologiques ? Le dopage ? Oui, bien sûr. Il s'était dopé. Sans doute un peu mieux, un peu plus, que les autres. Il l'avait confessé devant les enquêteurs du gouvernement fédéral, puis craignant le parjure, en janvier 2013, sur le plateau d'Oprah Winfrey. Mais l'alibi du dopage n'expliquait pas tout, d'autant qu'il moulinait dans les cols sur de petits développements, d'ordinaire inefficaces à créer des écarts. Quelque chose clochait mais quoi ? « À chacun de penser ce qu'il veut, m'avait dit LeMond, mais il y a chez Armstrong 50, 70 watts qui se baladent et dont on ne peut scientifiquement expliquer l'origine. »

Juillet 2001.

C'est jour de repos sur le Tour de France. Dans la grande salle du Casino de Pau, Armstrong sacrifie au rituel de la conférence de presse devant une meute de journalistes assoiffés de transparence. Parmi eux son principal pourfendeur, David Walsh, reporter au *Sunday Times* et futur protagoniste du film *The Program* que Stephen Frears tirera de leur antagonisme. Le Texan, en monarque méprisant, baigne dans un climat d'impunité. Il se sent porté par le « système », terme générique qui englobe les responsables de l'UCI, les organisateurs, les managers, les sponsors, tous subjugués par la noria du Texan que George Bush appelait régulièrement par téléphone, comme lui-même se plaisait à le rappeler pour étalonner sa puissance dans le regard de ses détracteurs. Le reste, les doutes et critiques que l'on pouvait émettre à son propos ? Simples broutilles. Détails sans importance qu'il balayait d'une repartie acide, d'un revers de la main. En cas de malaise, de nécessité, il trouvait toujours un journaliste sympathisant, soucieux de voler à son secours.

« Mais Lance, comment réussissez-vous à être heureux, à garder votre sérénité au milieu de toutes ces suspicions ? » avait lancé l'un d'eux, moins pour alimenter le récit que pour lui permettre de se poser en victime.

Et lui, sur un ton las, ennuyé :

« Oh, je m'y suis fait. Ces suspicions ont toujours existé, elles existeront toujours, je les accueille comme la pluie, le vent. Quand il pleut, j'enfile mon imperméable, une casquette et je pédale de la même façon. Je ne fais des comptes qu'avec ma propre conscience.

— Et Ferrari ? Vous ne craigniez pas que votre relation avec ce médecin très discuté finisse par entacher votre réputation ?

— J'ai déjà eu l'occasion de le dire, je tiens Ferrari pour un homme honnête. Il ne m'a jamais proposé de produits dopants ni fait de propositions éthiquement discutables. Je vous le répète :

regardez les faits, je me suis soumis à divers tests antidopage sans jamais être positif. Ai-je utilisé de la cortisone ? Non. Est-ce que j'ai fait usage d'EPO en course ? Non. Je suis propre. »

Il disait s'entraîner mieux que les autres, au point de grimper dix, quinze fois l'Alpe d'Huez dans la même journée, même sous la pluie. Et puis le 12 janvier 2008, le Texan ayant pris sa retraite, Bruyneel avait admis qu'après Sestrières, face aux suspicions, Lance était devenu plus hermétique sur sa préparation, et qu'il avait sans nul doute un peu trop pratiqué la culture du secret. Quant à ses entraînements soi-disant draconiens sur l'Alpe d'Huez ? « Honnêtement, je ne l'ai jamais vu faire ça », avait répondu Bruyneel.

Les « choses écrites » de Simeoni.

Les premières fissures dans le clan Armstrong étaient apparues, à l'occasion du procès de Michele Ferrari, par la voix d'un modeste coureur italien, Filippo Simeoni. Un matin du mois de janvier 2003, des carabiniers des Nas de Florence – la brigade des stupéfiants – s'étaient présentés au domicile de Simeoni, munis d'un mandat de perquisition. Ils avaient tout fouillé, de fond en comble, en quête de prescriptions, de « choses écrites », sous les yeux atterrés de sa femme, de son fils et de son père, un humble maçon, désespéré de voir son nom mêlé à une affaire de produits dopants. Simeoni s'était retrouvé au pied du mur. Ou il persévérait dans le déni, ou il s'en délivrait avec une chance de se réapproprier sa vie. Il avait donc accepté de témoigner à charge, à Bologne, au procès du « mage de Ferrara », le surnom de Michele Ferrari dont il avait précipité la radiation par sa déposition (en décryptant pour les enquêteurs ses agendas, les codes et astérisques correspondant à des prises d'Andriol que lui prescrivait le médecin). Sans mouiller personne. Sans livrer aucun nom ni adresse. Sans ouvrir d'autres spirales, d'autres plaies. S'attirant, bien sûr, l'inimitié d'Armstrong qui dans le Tour 2004 l'empêchera de s'échapper sur la route de Lons-le-Saunier. Tout le monde avait pu voir la scène, à la télévision. Le Texan était revenu se caler seul dans la roue de l'Italien en marmonnant « Tu es une merde, et moi, j'ai plus d'argent que t'en auras jamais, je suis puissant, je vais te détruire, t'écraser ». Simeoni ne s'était pas démonté, il avait dénoncé Armstrong et l'avait traîné en justice devant le tribunal de Latina pour diffamation, le Texan l'ayant traité de « menteur ». Il avait englouti toutes ses économies, plus de 100 000 euros, en frais d'avocat. Sa carrière ensuite se délita, dans l'indifférence du « milieu », tous les managers des grandes équipes lui tournant le dos.

Armstrong avait eu sa peau.

Dans les journaux, le Texan ne manquait jamais de rappeler que Simeoni n'était qu'une « petite cylindrée » qui d'ailleurs se dopait bien avant de recourir aux services de Michele Ferrari. « La preuve, en 1997, son taux hématocrite naturel n'était que de 42 au départ du Tour d'Italie », avait stigmatisé le Texan, loin de penser qu'un jour son ancienne masseuse, Emma O'Reilly, révélerait sous serment que son taux hématocrite à lui ne dépassait pas 41, inférieur d'un point, donc, à celui de Simeoni, qu'il avait publiquement vilipendé.

De son domicile de Minneapolis, Greg LeMond était entré en contact téléphonique avec Istvan Varjas. Ils avaient pris rendez-vous et s'étaient rencontrés un matin à Paris, au café Varenne, dans le VIIe arrondissement. Dans l'après-midi, les deux hommes s'étaient rendus sur l'esplanade des Invalides, pour que l'ancien champion américain, reconverti dans l'industrie du cycles, puisse tester un prototype. LeMond avait suivi les controverses sur les vélos à moteur mais il avait besoin de juger par lui-même et réclamait encore des preuves. Il n'était pas dans son assiette. Il souffrait de vives douleurs au niveau des reins qu'il combattait par le port d'un corset dont il s'était délivré la veille. Il était d'autant moins à l'aise que le prototype n'était pas à sa mesure et les chaussures que Varjas lui prêta, bien trop étroites. Mais sur le vélo, il s'était surpris à doubler les voitures, les bus de la RATP, sans effort.

J'étais là ce jour.

Je l'ai vu griller les motos aux feux rouges, se fondre avec aisance dans le trafic, à plus de soixante kilomètre-heure sous le regard stupéfait d'un piéton qui n'avait nullement reconnu dans ce cycliste du dimanche, au buste massif, aux cheveux grisonnants, habillé d'un pull et d'un simple jeans, un ancien vainqueur du Tour. Quand il retrouva Varjas, à l'angle de l'esplanade, Greg était livide et nauseux, de la bile lui remontait du fond de la gorge avec une forte envie de vomir. Il m'avouera plus tard que c'est de ce jour qu'il « prit conscience des choses » et de leur gravité. « Je venais de comprendre qu'avec un petit moteur de 50 watts logé dans le pédalier, un coureur pouvait gagner plusieurs minutes en une seule étape de montagne, et donc, le Tour… »

L'image de Lance Armstrong s'était aussitôt immiscée entre nous, ressurgie des limbes où elle végétait. Greg s'était souvenu d'une vieille histoire qui circulaient entre initiés, gens du peloton, au printemps 1999, avant que le Texan ne gagne son premier Tour. Mais ce pouvait être une affabulation. Une légende métropolitaine. Un témoin avait intercepté dans un hôtel de Liège, filtrant d'une porte entrebâillée, une conversation téléphonique d'ordre privé. C'était la voix d'Armstrong venant d'une pièce voisine, clamant avec aplomb sa certitude de gagner le Tour. « J'en suis sûr, à cent pour cent, disait la voix, ça ne fait aucun doute. » Il possédait, disait-il, une chose « indétectable que personne n'a. Et je suis le seul à l'avoir. »

À l'époque, LeMond avait accueilli cette histoire sans sourciller, sans lui prêter une particulière attention, peu convaincu de sa véracité mais là, brusquement, sous l'éclairage des Invalides, la confidence d'Armstrong prenait une tout autre résonance.

LeMond et Varjas s'étaient ensuite revus au Grand Prix de Formule 1 de Budapest. Istvan espérait convaincre les responsables du team Lotus d'adopter une de ses inventions, un double plancher qui, une fois plaqué sous le châssis d'une voiture, la dote d'une meilleure adhérence dans les virages avec une possibilité accrue pour le pilote d'affiner ses trajectoires. À cette occasion, Greg avait recu des ingénieurs de Total la confirmation qu'il attendait. Varjas n'était pas qu'un physicien, mais un scientifique brillant et cette remarque l'avait soulagé et balayé ses dernières réserves. Il avait appris par ces mêmes ingénieurs qu'il est très facile de masquer la présence d'un moteur dans un cadre de vélo avec du simple liquide de refroidissement, information qui l'avait refroidi.

Deuxième come-back.

Le 9 septembre 2008, Lance Armstrong annonce contre toute attente, après trois ans d'absence, son deuxième retour à la compétition dont on cerne mal les secrètes motivations. Il a conclu un accord avec l'équipe kazakh Astana dirigée par son vieux complice Johan Bruyneel. Mais pourquoi revient-il ? Après quoi court-il ? À en croire les psychiatres, la pratique intensive du sport génère des phénomènes endomorphiques de griserie. C'est comme une drogue dure doublée, en cas d'arrêt, d'un effondrement narcissique aggravant. Le champion en retraite se retrouve désemparé, démuni, privé de ce sentiment rare « de toute-puissance » qu'il éprouvait dans la pleine exaltation de son statut de champion. Armstrong semblait à l'abri de ce genre de symptôme. À New York, il avait participé aux côtés de Bill Clinton à une conférence sur l'environnement et la santé et pouvait aspirer, dans un futur proche, au poste de gouverneur du Texas. Non, s'il revenait, c'était pour étendre la lutte contre le cancer à tous les pays du monde. Et relancer sa fondation et la vente de ses bracelets jaunes (il en avait récolté pour 300 millions de dollars en dix ans). Il n'avait aucun doute sur sa capacité à retrouver son rang.

En 2009, sa troisième place dans le Tour le conforte dans l'idée qu'il reviendra « encore plus fort » l'année suivante, sur les routes de France.

Mais en avril, une controverse éclate dans les médias après l'accélération phénoménale – incontrôlée ? – de Fabian Cancellara sur le Mur de Grammont.

Et là, bizarrement, Armstrong nuance, relativise. Et s'empresse d'annoncer que le Tour 2010 sera son dernier Tour. Pourquoi ce revirement ?

Hamilton le repenti.

C'est au terme d'une lente incubation que Tyler Hamilton – épinglé pour dopage aux Jeux de Londres en 2004 – entreprit la rédaction de ses mémoires (*The Secret Race*, « La course secrète »), publiés aux éditions Bantam en 2013. Il y évoque, en un long repentir, le climat délétère qui régnait à l'US Postal où Armstrong édictait des règles léonines qu'en bon sergent Bruyneel se chargeait de faire appliquer. Le temps avait fait son œuvre. Hamilton n'était plus le même homme. Il avait quitté Boulder pour se reconstruire à Missoula, dans le Montana, auprès de Lindsay, sa nouvelle compagne. Fini les mensonges. Il donnait maintenant des conférences, des conseils en entreprise et se purgeait de son ancienne vie auprès d'Armstrong qui l'avait laissé psychologiquement exsangue. En 2004, il avait pleinement collaboré avec les enquêteurs de l'Usada, l'agence antidopage américaine présidée par Travis T. Tygart, et tout déballé de son expérience devant le grand Jury de la FDA (Food and Drug Administration). Il avait raconté Armstrong, le vrai, mélange détonnant de cynisme et d'arrogance, qui contrôlait le salaire de ses équipiers et les obligeait à se doper, à force de pressions psychologiques insidieuses. C'était la seule manière de lui prouver leur dévotion. Le Texan ne parlait que de ça, jusqu'à l'obsession. Et le médecin Luis Garcia Del Moral, de l'US Postal, était toujours là pour leur rappeler de ne pas oublier leur « lunch bag », cette petite cantine où chacun rangeait son « outillage » parce qu'ils se dopaient avant le départ de l'étape, ce qui les mettait à l'abri des perquisitions dans les hôtels. Dans le bus, aucun inspecteur de l'UCI ne viendrait jamais les déranger. (« On se dopait à l'intérieur du bus pendant qu'au dehors, on pouvait voir la foule et tous nos supporters s'agglutiner derrière les vitres », témoignera Hamilton.)

L'opération terminée, ils glissaient les seringues dans des canettes de Coca vides qu'ils écrasaient avant de s'en débarrasser dans une poubelle. Ils n'avaient pas d'inquiétude à avoir. Les microdoses d'EPO étaient indétectables au contrôle. Ferrari aimait les formules, en abusait.

« Il disait que s'injecter de l'EPO c'était comme tourner l'interrupteur de la chaudière. »

Il leur prescrivait ses remèdes, un mélange de testostérone et d'huile d'olive qu'ils s'administraient par voie buccale, sur la langue, à l'aide d'une pipette. Qu'un équipier renâcle, refuse d'adhérer à ces règles communes, aussitôt on l'excluait du groupe.

Frankie Andreu en avait fait l'expérience. « Si tu n'allais pas voir Ferrari, Lance te virait. Moi je voulais pas, il m'a dit, tu dégages… »

Armstrong ne s'embarrassait d'aucune forme.

Andreu : « Je ne l'ai jamais entendu s'amender, s'excuser ou dire simplement merci à un équipier. C'était assez simple, vous étiez avec lui ou contre lui. »

Ainsi, ils avaient appris à cohabiter avec le mensonge, la paranoïa, au gré de rendez-vous clandestins dans des appartements loués à la journée – le temps d'une transfusion – ou sur des aires d'autoroute dans le mobil-home de Michele Ferrari que Tyler Hamilton décrit sous les traits d'un « homme cupide » qui traitait les coureurs comme « de vulgaires morceaux de viande ». Dans les chambres qu'il partageait avec Lance, Hamilton, redoublant toujours de prudence, prenait soin de jeter un drap de bain sur la télévision, de crainte qu'il n'y ait une caméra à l'intérieur.

Puis vint ce jour où Bruyneel leur demanda de ne plus se procurer eux-mêmes leur dose d'EPO à travers des filières « trop risquées », avait-il expliqué. Lance avait mis au point un nouveau système d'approvisionnement – EPO, gélules de testostérone, etc. – quasi infaillible. Un « Motoman », un certain P – son ancien jardinier à Nice – les suivrait à moto, muni d'un téléphone prépayé et d'une boîte isotherme, prêt sur un simple appel à livrer les produits jusque dans leurs chambres. Autre point de divergence : Hamilton était devenu si performant grâce au dopage qu'il avait abaissé en février 2001 le record d'Armstrong sur la montée de Monzuno en Émilie, en foi de quoi Bruyneel l'avait obligé à courir le Tour à l'eau minérale. Le mystère reste entier. Comment le Texan trouvait-il la force, à préparation égale, de se montrer supérieur dans les grands cols du Tour ? La force d'humilier Marco Pantani sur le Mont Ventoux ? Si Tyler regrettait une chose, c'était d'avoir tardé à se rebeller, à épouser le combat de Filippo Simeoni qui avait eu le cran de dénoncer les abus de pouvoir d'Armstrong.

Sa confession publique eut pour autant un effet thérapeutique. Elle lui évita de sombrer dans l'alcool, de cauchemarder après que le Texan l'eut coincé dans les toilettes d'un restaurant d'Aspen en menaçant de « faire de sa vie un enfer ».

Longtemps, il vécut dans la crainte de représailles, d'un mauvais coup, une batte de baseball à portée de la main.

Aux yeux de ses anciens compagnons, il était devenu une « balance » mais il assumait. S'il s'était dopé, c'était de son propre chef, par faiblesse, au fond personne ne lui avait forcé la main même s'il n'y avait pas d'autre façon d'être aux côtés du Texan. Parce qu'il était le système. Le parrain d'un monde occulte où régnait l'omerta.

Des confessions publiques.

Le 17 janvier 2013, Lance Armstrong avait accepté de livrer des aveux publics face à Oprah Winfrey, une interlocutrice de choix à sa mesure. En 2005, cette grande prêtresse du talkshow, – avec sa dose nécessaire d'aveux et de mortifications – faisant campagne pour Barack Obama, avait apporté au futur président plus d'un million de votes et *Forbes* estimait son patrimoine à 1,5 milliard de dollars. Lance, de son côté, était au creux de la vague. Ses deux grands sponsors, Trek et Nike, étaient sur le point de le lâcher et il devait mener de front plusieurs procès, contre le *Sunday Times*, contre les organisateurs du Down Under et la SCA Promotion, la compagnie d'assurances qui refusait de lui verser le bonus de 7,5 millions de dollars auquel il prétendait depuis sa septième victoire dans le Tour. Enfin, pas moins de vingt-cinq personnes avaient déposé contre lui dans le dossier de mille pages de l'Usada sur lequel l'UCI s'appuierait pour le déchoir de ses victoires et le radier à vie. « Une peine de mort, que je ne suis pas sûr de mériter », avait-il commenté.

Face à Oprah Winfrey, il n'est plus ce rescapé du cancer, ce héros à fond double, *bigger than life*, que l'Amérique prenait pour emblème.

Et ses affinités électives avec George Bush ne lui sont plus d'aucun secours.

Il n'est plus qu'un homme phagocyté par le système qu'il a mis en place, otage de cette toile arachnéenne de complicité qu'il a tissée autour de lui. Sous la loupe des caméras, et sous le glaive du parjure, il ne pourra plus feindre la surprise, l'étonnement, cet arsenal est périmé. Il doit maintenant répondre publiquement de ses actes, de ses mensonges et des ravages qu'il a causés. En Amérique, mentir est un délit.

L'entretien a été soigneusement préparé.

Oprah était allée jusqu'à Hawaii – où il possède une résidence d'été – lui soumettre un arsenal de 112 questions auxquelles il aurait éventuellement à répondre. Elle lui reprochait moins de s'être dopé que d'avoir trompé, lésé des milliers de gens, en abusant de leurs émotions, en spéculant sur leur crédulité. Ses équipiers, avec lesquels il vivait en intimité, mais aussi le public et ses sponsors, et la communauté des malades du cancer.

Oprah (sur un ton puritain, réprobateur) : « Pendant treize ans, vous n'avez pas seulement nié le dopage, vous avez envoyé devant des juges des gens honnêtes, sachant qu'ils disaient la vérité ?

Armstrong : — J'étais obligé, j'étais entré dans un processus de préservation. »

Placé dos au mur, il admit qu'il s'était dopé « souvent » parce que ça faisait partie de son métier et parce qu'il n'était qu'un « bullyman », soucieux de « vouloir tout contrôler ». Entre ses mots, on comprenait une seule chose : peu importait la forme du mensonge, pourvu qu'il assouvisse ses propres désirs.

« Oui, toute ma vie j'ai menti », avait-il confessé. Dans sa bouche, un aveu inespéré.

« Maintenant pourquoi j'ai fait ça ? Pourquoi j'ai nié, menti pendant si longtemps ? (...) Je ne sais pas si je suis capable d'y répondre.

O.W. : — Beaucoup de gens mentent.

L.A. : — Mon histoire était parfaite, elle l'a été pendant longtemps, mais la vérité n'était pas celle qui apparaissait, maintenant je le dis comme si je la regardais de loin. Tu gagnes ton combat sur le cancer, tu gagnes sept fois le Tour, tu as un mariage heureux, des enfants, une histoire parfaite, mythique même, sauf que tout ça n'était pas vrai. »

Jusqu'à la fin de l'interview, son visage était resté de marbre. À quoi pensait-il intérieurement ? Nourrissait-il des rancœurs, la nostalgie d'un monde qu'il menait à son gré, sous sa coupe, maître des lieux et du temps ? Combien de secrets tenait-il encore enfouis ?

Octobre 2016, à Pécs.

La route filait, en dehors de toute agglomération, à travers un univers gris de champs labourés, bordés de bosquets rabougris par l'hiver. Cela faisait un bon quart d'heure que nous avions quitté Pécs quand Varjas bifurqua sur la droite, sur une sente poussiéreuse barrée dans toute sa largeur par un portail grillagé. Un panneau était placardé sur lequel on lisait en lettres rouges « Zone interdite ». À l'aide d'une télécommande, il actionna le portail coulissant qui s'ouvrit sur des entrepôts, ceinturés par de vastes parkings. Çà et là, des camions et remorques en stationnement. L'endroit était surveillé par un système de caméras. Mais il semblait désaffecté. Varjas avait garé sa voiture derrière un hangar d'où personne ne pourrait la voir et je l'avais suivi par une porte dérobée jusqu'au premier étage d'un bâtiment anodin. Sur le palier, un divan marquait le périmètre d'une salle d'attente entièrement vide d'où s'étirait un couloir uniforme et mal éclairé, desservant une enfilade de bureaux inoccupés. Il poussa une porte dans un afflux de lumière sur une pièce reconvertie en atelier.

« Voilà, c'est là », m'a-t-il dit.

Deux hommes travaillaient en silence, courbés sur un cadre de vélo en carbone orange et noir, éviscéré de son pédalier et maintenu à hauteur par un chevalet. Ils me saluèrent brièvement puis se remirent au travail sans perdre de temps, au milieu d'un vaste foutoir : un amoncellement désordonné de générateurs, de bobines, de circuits électriques, de voltmètres et de batteries cylindriques miniatures. Partout des cadres de vélos dénudés et sur les murs des fiches techniques, des emplois du temps, des bons de commandes punaisés avec des noms de clients indéchiffrables, masqués derrière des initiales. Tout un monde obscur, parallèle. Avant d'entrer, Varjas m'avait simplement demandé de ne prendre aucune photo.

C'était donc là, dans ce qui était jadis un bureau, qu'il appareillait, usinait des cadres que des intermédiaires, des prête-noms – des parents, des proches, amis du coureur, souvent leur premier entraîneur – déposaient en consigne, sous couvert d'anonymat.

Varjas disait tout ignorer de ses clients mais parfois, il arrivait à deviner leur identité, par recoupement, sur la foi d'une plaque d'immatriculation.

« Suis-moi, m'a-t-il dit, j'ai quelques détails à régler. »

Il m'entraîna dans une pièce adjacente. Elle était meublée d'un bureau et d'une bibliothèque en bois massif assombrie par deux canapés grenat, imposants, au cuir matelassé. Il n'y avait aucun livre sur les étagères. Nous sommes restés là une partie de l'après-midi. Dehors la pluie, grosse, hivernale, recouvrait la campagne d'un voile brumeux. Et j'éprouvais un sentiment de vide. Plus j'avançais dans cette histoire, plus j'avais l'impression de désapprendre, de rester au seuil des choses. Je ne disposais que de preuves indirectes, rien de tangible.

Avait-il senti en moi cet ennui qui me gagnait ? Varjas empoigna un dossier volumineux sanglé dans une chemise en carton avachie et le posa devant moi. Sur la couverture il y avait écrit à l'encre bleue « Scientific Notes ». « Tiens, regarde, tout est là, l'ensemble de mes travaux. »

Puis en souriant :

« Les résidus de mon incarcération à Monaco. »

Le dossier renfermait sept cent cinquante feuilles quadrillées noircies au stylo à bille d'une petite écriture soignée. Varjas y avait noté ses expériences, ses théories, toutes illustrées par des diagrammes, des équations, des projections axonométriques qui dans leurs formes ovoïdes, dans leur répétition sinusoïdale m'évoquaient les tableaux de Vasarely, les « carrelages blancs de la station de métro Denfert-Rochereau » : même enchevêtrement et renflement des lignes. Même profondeur spatiale. Vasarely, maître de l'Op

Art, de l'illusion d'optique tout comme Varjas était passé maître dans l'art éprouvé de la duperie technologique. Qu'ils soient tous deux originaires de Pécs – ils habitaient à trois cents mètres l'un de l'autre – n'était pas anodin. Je me suis dit qu'il devait exister une corrélation dans cet étrange apparentement.

Plus tard, nous avions revisionné sur sa télévision la montée de Sestrières et celle de Luz Ardiden, toutes deux intimement liées au règne d'Armstrong. Je voulais qu'Istvan me livre son expertise. Je pensais que ça pourrait faire un bon article et puis je cherchais à comprendre ce que nous avions réellement vécu autrefois, sur le Tour, dans le sillage du Texan.

Entre autres anomalies, Varjas s'était d'abord montré surpris par la progression endiablée, métronomique de l'Américain. Dans Luz Ardiden, chaque fois qu'il se rasseyait sur la selle, son changement de posture ne s'accompagnait d'aucune dissonance dans la pédalée. D'aucune souffrance. Il montait en apnée sans même ouvrir la bouche.

Sur les images, il va de plus en plus vite, comme emporté par un mécanisme frénétique, infaillible, qui le dépasse et dont il se contenterait d'accompagner le rythme, comme sous l'effet d'un simulacre, là où ses rivaux, embarqués dans le rituel des corps, se déhanchent sur la pente d'une pédalée heurtée.

Du bout de sa télécommande, Varjas faisait défiler les séquences d'avant en arrière, multipliait les ralentis, les arrêts sur image. Au fil de la pente, Armstrong augmentait son allure.

Il pointa son doigt sur l'écran.

« Regarde, il tourne les jambes à la même vitesse quelle que soit sa position en danseuse ou assis, et l'état de la pente... »

Il semblait lui-même ébahi.

« En se rasseyant sur la selle, il devrait logiquement marquer un temps d'arrêt, une rupture de rythme même légère dans sa pédalée mais non, il pédale continûment... »

Il me rapporta qu'un de ses amis, expert en physique nucléaire, habile à traquer les dynamiques invisibles, avait estimé au vu des images de Sestrières que le Texan arrivait à développer 590 watts en moyenne, « ce qui reviendrait à gravir une volée de deux cents marches, hautes de 65 centimètres chacune, une par seconde... en traînant avec lui les huit kilos de son vélo ».

Il préférait en rire.

« Tu peux le faire sur la Lune, avec l'apesanteur, pas sur Terre... »

La silhouette de Marco Pantani m'était réapparue. C'était en hiver. Février 2002. À Montecatini, au bar de l'hotel Belvedere où le Romagnol séjournait avec sa formation. Il était tard, minuit passé, le barman avait quitté son service et nous étions les seuls clients. Pantani était agité par de sombres pensées. Trois ans auparavant, il s'était fait exclure du Tour d'Italie, à Madonna di Campiglio, dans des circonstances troublantes et cet épisode, qui ne pouvait être, m'assurait-il, que le fruit d'une malveillance, continuait de le ronger de l'intérieur. Son monde avait changé, avec le sentiment que les cartes étaient biaisées. Certains coureurs avaient progressé de façon anormale.

« J'ai peur que tout soit manipulé. Il y a quelqu'un, derrière, c'est sûr, qui tire les ficelles... », avait-il renchéri, en me fixant dans les yeux, sans préciser à qui il faisait allusion.

Nous étions restés attablés jusqu'à deux heures du matin, dans un recoin du bar, en parlant de tout et de rien. Le nom d'Armstrong revenait souvent dans la conversation. Deux ans auparavant, sur le Tour, le Texan l'avait laissé gagner sur le Mont Ventoux d'une manière si flagrante, scénarisée par avance, que Marco avait perçu dans ce geste cynique une sourde volonté de l'humilier, lui, le Pirate, Marco Pantani, considéré comme le meilleur grimpeur de son époque. Il ne cessait de remâcher cet épisode et ne cachait plus son aversion pour Armstrong. D'ailleurs il ne l'appelait plus par son nom, il disait « Spiderman » ou « le fils de celui qui est allé sur la lune ». C'était de l'ironie mais il n'était jamais si sérieux que lorsqu'il plaisantait. Je le réentends me dire :

« Pour moi, il vient d'un autre monde, je le vois comme un personnage fictif, un héros de bande dessinée, tu vois, une sorte de Spiderman… Maintenant qui l'a créé ? Je n'en sais rien. Mais je ne serais pas surpris d'apprendre que c'est un coureur banal, avec des valeurs physiologiques tout ce qu'il y a de plus normal », avait-il ajouté, sur le ton prophétique de celui qui en sait long sur les apparences, les identités usurpées. Sur l'éloquence du mensonge. En tout cas, il ne fallait plus compter sur lui pour avaler cette fable du miraculé qui se met à grimper plus vite, plus fort que tous les grimpeurs de l'histoire réunis.

« Oui, tu verras, un jour on s'apercevra que ce type n'est pas vrai ». Il avait dit ça avec une drôle d'intonation, comme si tout lui apparaissait dérisoire.

J'ai conservé, pieusement, une photo dédicacée que Pantani m'avait offerte après sa victoire dans le Tour d'Italie 1998. Sur cette photo, il porte le maillot rose et brandit à bout de bras son trophée. D'une petite écriture fine et soignée, il avait pris soin de noter : « Ils m'ont demandé (les photographes) d'embrasser la coupe mais je ne suis pas vrai. »

Au-delà du clin d'œil, que cherchait-il à me dire ? Qu'il n'y a pas une vérité absolue mais des vérités accommodantes, momentanées, sans objet ? Que tout ne serait que théâtre ? Voulait-il m'alerter sur les malentendus de la célébrité ? Je me le suis longtemps demandé et puis un jour, en feuilletant de vieux livres, je suis tombé sur cette phrase d'Antonin Artaud disant « Toute vraie effigie a son ombre qui la double » . Et j'y ai vu une réponse, à retardement. L'idée que tout ne serait que fiction et la vie, une contrefaçon, une suite de chaos, de hasards, de dissimulations, une histoire qu'on se raconte et qui ne vaut que pour le récit qu'on en fait.

Rome, janvier 2017.

Varjas était descendu à l'hôtel Valadier, à deux pas de la Piazza del Popolo. Les gens de la CBS désiraient le revoir pour des « ajustements » avant l'émission, programmée le dimanche suivant. Il restait à vérifier certains points. « On ne peut se permettre aucune approximation », lui avait rappelé son interlocuteur au téléphone. Apprenant que je séjournais à Rome aux même dates, il m'avait laissé un message sur mon portable. « T'attendrai samedi, vingt heures au Café Rosati. Sans obligation de ta part. Istvan. »

Quand je suis arrivé, il était assis en terrasse. Il portait une gabardine au col relevé et bavardait au téléphone, l'appareil coincé contre l'épaule. Il faisait déjà très sombre. Au milieu de la place, l'obélisque se dressait dans un éclat funèbre et les passants n'étaient plus que de pâles silhouettes absorbées par la nuit. Je suis resté, en retrait, à l'observer. De là où j'étais, je l'entendais parler. Je retrouvais dans son intonation ce fond d'anxiété que j'avais perçu un matin quand, au téléphone, il m'avait dit « Si demain, tu apprends que j'ai eu un accident ou que je me suis suicidé, n'en crois rien… ». Était-ce son immobilité, les néons qui lui donnaient un teint cireux ? La scène avait quelque chose d'irréel et tout se confondait en moi. J'en arrivais à me demander si mon imagination ne me jouait pas des tours. Varjas, Cordoni, les deux millions de dollars, la présence obsédante de deux bodyguards auprès d'Armstrong, le miraculé, qui se relève du cancer et gagne le Tour, quel sens donner à tout cela ?

D'un geste de la main, il m'avait invité à le rejoindre et me fit comprendre qu'il n'en aurait que pour quelques minutes. J'ai commandé un café et me suis installé à ses côtés. Le *Corriere della Sera* était posé sur la table avec, à la une, le récit d'une avalanche. J'avais parcouru distraitement les titres. Varjas poursuivait sa conversation qui me parvenait par bribes.

« Je comprends, oui… leurs avocats… normal… ils tentent d'éteindre les feux qu'ils ont allumés… »

Un long silence puis de nouveau :

« L'important… oui c'est ça, poser le problème, donner les éléments… les gens se feront leur propre idée… »

« Hamilton ?… dans sa situation … je ne crois pas qu'il puisse en dire plus… »

Il raccrocha, but une gorgée de café.

Un reporter de la CBS lui avait fixé rendez-vous pour le lendemain au petit déjeuner dans un hôtel proche de la Piazza Navona. Je le sentais préoccupé, las de cette existence occulte, vagabonde. Et sa réputation lui pesait. Elle le poussait à cloisonner sa vie et ternissait ses relations.

« J'ai vraiment hâte que tout se termine », me lança-t-il.

Depuis que son nom s'étalait dans les journaux, il recevait des appels nocturnes, des voix anonymes, des gens intimidants qui lui demandaient où il cachait son argent, parfois il n'y avait qu'un souffle rauque au bout du fil.

Ce soir-là, à la terrasse du café Rosati, il m'avait donné l'impression de vivre une sorte d'exil personnel et semblait chercher en moi un peu d'écoute et de compréhension.

« Souvent je me dis que je devrais changer de métier, m'avait-il lancé, oui, vivre plus sereinement, pourquoi pas créer un centre de bien-être, à Budapest ? Tu crois que ça marcherait ?... »

Il se raccrochait à de vagues projets mais par un ami commun j'avais appris ses difficultés, les raisons de sa morosité. Depuis quelques mois, un grave litige l'opposait à un homme d'affaires anglais, proche de l'UCI, qui vivait à l'année dans un hôtel de Monaco. L'homme possédait un yacht, amarré dans le port et, d'après ce que j'avais pu saisir, il avait créé sa propre marque de vélos électriques et s'ingéniait à spolier Varjas de ses brevets. Varjas n'en faisait jamais cas, si ce n'est par allusions, alors il s'en prenait à ces « mauvais payeurs », ces « rapaces » qui profitaient de lui, de sa patience et l'obligeaient à vivre en « eaux troubles ». « Ils font comme si je n'existais plus, maugréait-il dans ces moments-là, mais ils me connaissent bien mal, on ne tire pas les moustaches d'un lion sans éveiller sa colère. »

Il n'était pas du genre à s'en laisser compter. Par le passé, il avait eu affaire à des mafieux russes « autrement plus dangereux » qui menaçaient de le mutiler, de l'amputer des deux mains s'il ne cédait pas à leur chantage. Depuis lors, il restait sur ses gardes et redoutait de finir « avec deux balles dans la tête ». Il y avait trop d'intérêts, de paris en jeu, « trop d'argent » disait-il. Mais cette fois, c'était différent, il avait passé un accord et entendait le faire respecter.

« Je ne reculerai pas, ils le savent... Ou ils me donnent ce qu'ils me doivent ou je déballe tout.

— Tout ?

— Oui, tout, les moteurs, tout ce qui se passe dans le peloton... »

Il était exténué de courir après son argent, quand bien même c'est le lot commun des inventeurs, qui mettent toutes leurs économies dans la recherche et passent leur temps à se défier des investisseurs qui viennent à eux. « L'office des brevets ne nous protège en rien», m'avait-il fait remarquer un jour, comme s'il cherchait à justifier ses activités clandestines. Sa part occulte. Tous ceux qui l'avaient approché pour commercialiser ses moteurs avaient tenté, peu ou prou, de le déposséder de ses inventions par des voies peu légales.

Un serveur en veste de coton crème, pantalon noir, cheveux gominés, m'apporta mon café sur un plateau d'argent. Se tournant vers Istvan :

« E per il signore... basta così ? »

Istvan répondit d'un geste désinvolte de la main.

Il s'efforcait de paraître détendu mais tout était source d'inquiétude. Il me raconta un épisode symptomatique de ces « petites paranoïas » comme il disait, qui par intermittence revenaient le tourmenter. Quelques jours auparavant, deux types en civil s'étaient présentés de bon matin à son domicile de Pécs. En son absence, c'est sa mère qui leur avait ouvert. Qui étaient ces hommes ? Que lui voulaient-ils ? À son retour, il s'était précipité au commissariat pour s'informer mais aucune plainte n'avait été déposée contre lui. Plus tard, il avait appris, incidemment, que ce n'étaient que des employés municipaux chargés du recensement, et en avait éprouvé de la honte.

« Il n'y avait vraiment pas de quoi s'affoler », avait-il lâché d'un air contrit.

C'était rare qu'il me parle de choses personnelles. Il était un peu plus de vingt-deux heures.

J'ai réglé les consommations et nous avons marché jusqu'à son hôtel. Sous nos pas, les pavés luisaient dans l'humidité du soir. Rome n'était plus qu'un immense tombeau désert, ouvert sur la nuit, qui lentement nous absorbait. J'en éprouvais un léger frisson, le sentiment que nous étions, nous aussi, pareils aux autres passants, de pâles silhouettes, en train de nous effacer.

Pour Istvan, tout se compliquait.

La CBS tardait à diffuser son émission sous la pression d'Armstrong, qui en coulisse agitait ses avocats. Et Johan Bruyneel ne cessait de le tanner au téléphone, il voulait le prévenir contre toute forme de manipulation, surtout qu'il fasse bien attention à ne pas se faire utiliser par la CBS. L'ancien manager prétendait aussi lui faire signer devant notaire une déclaration sur l'honneur par laquelle il aurait confirmé par écrit n'avoir jamais rencontré ni croisé Armstrong, ni scellé une quelconque affaire avec lui. Mais Varjas avait refusé, jugeant qu'il n'avait pas à se justifier. Bruyneel avait contacté un par un tous ses anciens collaborateurs de l'US Postal afin de les sonder sur ce qu'ils savaient de cette émission à venir. En ignorait-il le contenu? Qui sait, d'ailleurs, l'un d'eux, un équipier maltraité, un mécano abusivement congédié, avait peut-être mal parlé, ou s'était un peu trop épanché…

Devant son hôtel, via della Fontanella qui s'ouvre sur la Via del Corso, nous avions marqué une pause, comme si nous voulions repousser le moment où chacun repartirait de son côté. «Je n'ai jamais rencontré Armstrong, avait relancé Varjas, mais je ne sais pas ce que Cordoni a pu fabriquer…»

Il avait allumé une cigarette pour cacher sa nervosité.

«Oui, qui peut savoir, avait-il repris, il est peut-être passé par d'autres intermédiaires…»

Il n'avait que des intuitions, des présomptions sans preuves à l'appui. La réalité est toujours plus fuyante qu'on ne le voudrait. Mais si Armstrong avait triché, si c'était le cas, alors il n'avait pas pu agir seul, d'autres personnes étaient fatalement impliquées.

«Pourquoi fatalement?»

Il me regarda droit dans les yeux.

«À cause du cadre de la Trek, le modèle 5002 que la CBS m'a envoyé par courrier…

— Eh bien?»

Il cherchait ses mots, hésitait, puis brusquement abandonna toute méfiance.

« Il n'était pas régulier, pas tracé et fabriqué selon des normes logiques. Ce cadre avait une géométrie étrange avec une sorte d'asymétrie en trompe l'œil. »

Il tira un stylo de sa poche, se dirigea vers un mur recouvert d'affiches électorales. Sur l'une d'elles, d'un bleu très pâle, il esquissa un rapide croquis, assez grossier.

« Le tube selle-pédalier n'arrivait pas au niveau du pédalier, à l'intérieur le tube n'était pas lisse. La fraise ne l'avait pas touché, pas même effleuré.

— Et donc ?

— Donc, si quelqu'un avait enlevé la selle pour y plonger une caméra télescopique, il n'aurait pas vu de moteur, qu'un tube vide. »

Pour conforter son opinion, il avait contacté des fabricants de cadre expérimentés et tous étaient restés dubitatifs, stupéfaits.

Jamais ils n'avaient observé un dessin pareil ! De tous les vélos truqués que Varjas avait pu tenir entre les mains, aucun n'avait cette précision-là et cette précision était en soi suspecte. Fabriquer un cadre avec cette inclinaison n'avait aucune justification aérodynamique. « Sinon les autres fabricants l'auraient copié, tu comprends ? Ou la Trek l'aurait commercialisé… »

Le seul intérêt, et sur l'instant il n'en voyait pas d'autre, c'était cela : la tricherie optique. On pouvait y placer un moteur sans crainte d'être démasqué. Il m'avait alors serré la main, et m'avait lancé : « Si l'on cherche une preuve, elle est peut-être là, dans le dessin de son vélo. »

Je n'ai jamais revu Varjas et la CBS n'a jamais apporté un élement nouveau à la connaissance du public prouvant que Lance Armstrong devait sa résurrection à la technologie. Convié à tester le vélo Trek 5002 que Varjas avait muni d'un moteur à la demande de la production, moyennant 12 000 dollars – le prix des pièces et de la main-d'œuvre –, Tyler Hamilton avait admis face caméra qu'après une période d'adaptation il s'était « senti très bien » et n'avait pas éprouvé les habituelles sensations d'étouffement dans les montées. Cette assistance motorisée « changeait vraiment la donne ». Comme Whitaker l'incitait à préciser sa pensée, l'ancien équipier du Texan avait admis que « ce moteur, c'est ce qui peut faire la différence entre perdre et gagner ». Depuis, je n'ai cessé de ruminer ces mots... perdre ou gagner... gagner ou perdre. Les grands joueurs de black-jack savent ça, pertinemment. À vouloir tout gagner, on risque de tout perdre. Gagner, serait-ce la seule issue de l'existence ?

Quelques semaines avant que la CBS ne diffuse son émission, Armstrong s'était prêté à une interview en duplex d'Hawaii, sur une radio irlandaise, dans l'émission « Off the ball ». La conversation prenait un tour plaisant quand l'animateur Ger Gilroy avait interpellé son invité. « Lance, les gens veulent savoir, ils ont besoin de réponses » puis, sans préalable, il lui avait demandé s'il lui était arrivé d'utiliser un vélo à moteur dans le Tour de France. « Absolument pas, jamais. Mais tu te moques de moi ? Tu te rends compte de ce que tu dis ?... Vous êtes complètement fous », s'était indigné le Texan, furieux, qui avant de raccrocher avait ajouté : « En 1999, personne ne savait qu'on pouvait dissimuler un moteur dans un vélo. Les moteurs n'existaient pas... »

Le lendemain, il avait décliné la demande d'interview de la CBS et fait savoir par ses avocats, comme s'il entendait désarmorcer les curiosités avant qu'elles ne prospèrent :

1. Qu'il n'avait jamais utilisé un vélo à moteur.
2. Qu'il n'avait jamais rencontré Istvan Varjas.

Dans les colonnes d'un hebdomadaire néerlandais, Bruyneel avait également réagi en accusant Greg LeMond d'avoir instrumentalisé l'enquête de la CBS mais qu'avaient-ils à défendre ? Armstrong avait déjà tout perdu, ses titres, ses maillots jaunes, la présidence de la fondation dont il a dû démissionner, sans oublier les deux virages à son effigie dans l'Alpe d'Huez où les pluies, les neiges de l'hiver ont depuis longtemps lavé son nom et ceux de ses rivaux que les spectateurs du Tour badigeonnaient sur l'asphalte. Le générique d'une époque que chacun s'est empressé d'oublier.

De mon côté, j'avais cherché à dégager ces six degrés d'interaction dont parlait Karinthy, sans y parvenir. Je n'ai reccueilli qu'un faisceau de faits convergents. Rien qui épuise le mystère. « Il faut du temps, disait Nietzsche, à la foudre, au tonnerre, il faut du temps aux actions, après leur accomplissement, pour être vues et entendues. »

Je me dis aussi que le Tour de France détient peut-être une part de la réponse, lui qui n'a jamais prétendu à la sainteté.

Le Tour, il faut le prendre pour ce qu'il est, selon Roland Barthes une « comédie classique » où le spectacle naît d'un « étonnement des rapports humains ». Une fable à la morale ambiguë qui arbitre jusqu'au désenchantement nos duperies, nos élans, la force de nos attachements. Le divin y côtoie le démoniaque parce qu'il faut des coups fourrés, des trahisons, du vice pour qu'il y ait de la vertu.

Et du vice, Armstrong n'en était pas dépourvu.

Longtemps il s'était servi du cancer comme d'un rempart, parce qu'en regard de cette maladie, toute morale paraît dérisoire et le dopage, un péché véniel ancré depuis des lustres dans les pelotons. Il n'avait pas non plus cet instinct d'imitation qui certains jours, poussait Eddy Merckx, Laurent Fignon ou Greg LeMond à se sublimer et par lequel nous tendons à nous fondre, spontanément, dans une filiation. Il se voulait différent, fondamentalement iconoclaste. En rupture avec le monde qui l'entourait, auquel il réclamait une forme de sujétion. Il posait à côté de Merckx, se prévalait de son amitié mais ignorait tout ou presque de son passé, même chose avec Bernard Hinault qu'il croisait sur les podiums protocolaires sans lui prêter la moindre attention. Jamais on ne l'entendit louer les mérites de ses prédecesseurs, si ce n'est pour rappeler qu'ils s'étaient tous dopés. Sa seule culture touchait au dopage et là, que pouvait-on lui reprocher, si ce n'est d'avoir fait comme les autres ? L'histoire, il est vrai, regorge de performances miraculeuses.

« Regardez ce qu'a fait LeMond en 1989 sur les Champs-Élysées ! Ne soyons pas myopes ou idiots, ne venez pas me dire que ce n'était pas miraculeux ! », assénait-il à ceux qui doutaient de ses performances.

L'homme était cynique, dénué de sentiments bienveillants. Il ne courait pas pour le plaisir, pour la poésie ou pour voir son nom peint sur la route de l'Alpe d'Huez, non, il roulait « pour l'argent » et le disait . Il se moquait du Tour, de sa société et de sa morale à deux sous. À ses yeux, ça n'était qu'une immense farce pour un public débraillé dont il souffrait l'haleine quand il le frôlait d'un peu trop près dans la montée des cols.

Il ignorait que le Tour n'est pas unique.

Il y a le Tour que l'on raconte et en filigrane un autre Tour métaphysique, sentimental et poétique, qu'on se raconte de telle sorte qu'il ne se battait pas seulement contre Jan Ullrich ou Marco Pantani mais à travers le temps, l'espace et les générations, contre le souvenir insistant de Jacques Anquetil, Charly Gaul ou Luis Ocaña dont le spectre hante encore la descente du col de Mente, foudroyé par l'orage, contre ce chant lyrique et majestueux par lequel Eddy Merckx avait clamé sa joie et son amour du Tour, un jour du mois de juillet 1969, par une longue échappée solitaire sur la route de Mourenx, dans la lumière incendiée des Pyrénées.

Le Tour est une mélancolie.

Il nous parle de notre jeunesse, de nos vacances, des étés à la Prévert.

Quand le soleil était plus brûlant qu'aujourd'hui.

Il préserve en nous une part de tendresse pour l'enfant qu'on était et cela fait cent ans qu'il nous conte une histoire, la nôtre, dont il sert de reflet. Avec ses strates, ses jalons imprescriptibles.

En 1924, l'abandon des frères Pelissier, en conflit avec l'organisateur Henri Desgrange, annonçait les révoltes ouvrières et la naissance du Front populaire.

Puis l'avènement de Louison Bobet avait répondu dans les années 50 à cette quête de héros positifs dont la France gaullienne de l'après-guerre avait expressément besoin.

Plus tard, le règne éclairé de Jacques Anquetil coïncidera avec l'essor de la publicité, des groupes extra-sportifs, Raymond Poulidor n'étant là que pour rappeler en contre-champ qu'on est toujours le second de quelqu'un.

Armstrong, lui, incarnait le système, en était le garant et pour tous les partenaires financiers, qu'importait l'immoralité du personnage, son arrogance ? Ce sentiment d'irréalité qui s'attachait à sa mutation athlétique ? Seul comptait son rayonnement, son impact dans les médias. Le Texan drainait les audiences et revitalisait une économie sclérosée par les affaires de dopage. Il était « la meilleure chose qui puisse arriver au cyclisme », avait osé Pat Mc Quaid, le successeur de Hein Verbruggen à l'UCI Alors, dans ce climat d'immunité, et bien qu'il l'ait fermement nié, il avait très bien pu céder à la tentation d'utiliser un moteur, lui qui avait toutes les audaces, toutes les folies.

La folie de croire en son insoupçonnabilité.

De penser que son époque préfèrerait toujours l'apparat, l'image à la chose.

Cette fatuité de voir en la victoire un absolu et, dans sa représentation, un autel à sa gloire.

D'imaginer aussi qu'il pouvait asservir ses proches partenaires, ses collaborateurs, les humilier, sans susciter en eux des haines tenaces et de lourds ressentiments. Qu'intimidés par son pouvoir, son ralliement aux élites, ces derniers resteraient à jamais corsetés, bâillonnés dans un silence poli et respectueux.

Composition Maury-Imprimeur

1956	*Feuer*	Affe	12. Feb. 1956	- 30. Jan. 1957
1957	*Feuer*	Hahn	31. Jan. 1957	- 17. Feb. 1958
1958	*Erde*	Hund	18. Feb. 1958	- 7. Feb. 1959
1959	*Erde*	Schwein	8. Feb. 1959	- 27. Jan. 1960
1960	*Metall*	Ratte	28. Jan. 1960	- 14. Feb. 1961
1961	*Metall*	Büffel	15. Feb. 1961	- 4. Feb. 1962
1962	*Wasser*	Tiger	5. Feb. 1962	- 24. Jan. 1963
1963	*Wasser*	Katze	25. Jan. 1963	- 12. Feb. 1964
1964	*Holz*	Drache	13. Feb. 1964	- 1. Feb. 1965
1965	*Holz*	Schlange	2. Feb. 1965	- 20. Jan. 1966
1966	*Feuer*	Pferd	21. Jan. 1966	- 8. Feb. 1967
1967	*Feuer*	Ziege	9. Feb. 1967	- 29. Jan. 1968
1968	*Erde*	Affe	30. Jan. 1968	- 16. Feb. 1969
1969	*Erde*	Hahn	17. Feb. 1969	- 5. Feb. 1970
1970	*Metall*	Hund	6. Feb. 1970	- 26. Jan. 1971
1971	*Metall*	Schwein	27. Jan. 1971	- 14. Feb. 1972
1972	*Wasser*	Ratte	15. Feb. 1972	- 2. Feb. 1973
1973	*Wasser*	Büffel	3. Feb. 1973	- 22. Jan. 1974
1974	*Holz*	Tiger	23. Jan. 1974	- 10. Feb. 1975
1975	*Holz*	Katze	11. Feb. 1975	- 30. Jan. 1976
1976	*Feuer*	Drache	31. Jan. 1976	- 17. Feb. 1977
1977	*Feuer*	Schlange	18. Feb. 1977	- 6. Feb. 1978
1978	*Erde*	Pferd	7. Feb. 1978	- 27. Jan. 1979
1979	*Erde*	Ziege	28. Jan. 1979	- 15. Feb. 1980
1980	*Metall*	Affe	16. Feb. 1980	- 4. Feb. 1981
1981	*Metall*	Hahn	5. Feb. 1981	- 24. Jan. 1982
1982	*Wasser*	Hund	25. Jan. 1982	- 12. Feb. 1983
1983	*Wasser*	Schwein	13. Feb. 1983	- 1. Feb. 1984
1984	*Holz*	Ratte	2. Feb. 1984	- 19. Feb. 1985
1985	*Holz*	Büffel	20. Feb. 1985	- 8. Feb. 1986
1986	*Feuer*	Tiger	9. Feb. 1986	- 28. Jan. 1987
1987	*Feuer*	Katze	29. Jan. 1987	- 16. Feb. 1988
1988	*Erde*	Drache	17. Feb. 1988	- 5. Feb. 1989
1989	*Erde*	Schlange	6. Feb. 1989	- 26. Jan. 1990
1990	*Metall*	Pferd	27. Jan. 1990	- 14. Feb. 1991
1991	*Metall*	Ziege	15. Feb. 1991	- 3. Feb. 1992
1992	*Wasser*	Affe	4. Feb. 1992	- 22. Jan. 1993
1993	*Wasser*	Hahn	23. Jan. 1993	- 9. Feb. 1994
1994	*Holz*	Hund	10. Feb. 1994	- 30. Jan. 1995
1995	*Holz*	Schwein	31. Jan. 1995	- 18. Feb. 1996
1996	*Feuer*	Ratte	19. Feb. 1996	- 6. Feb. 1997
1997	*Feuer*	Büffel	7. Feb. 1997	- 27. Jan. 1998
1998	*Erde*	Tiger	28. Jan. 1998	- 15. Feb. 1999
1999	*Erde*	Katze	16. Feb. 1999	- 4. Feb. 2000
2000	*Metall*	Drache	5. Feb. 2000	- 23. Jan. 2001
2001	*Metall*	Schlange	24. Jan. 2001	- 11. Feb. 2002
2002	*Wasser*	Pferd	12. Feb. 2002	- 31. Jan. 2003
2003	*Wasser*	Ziege	1. Feb. 2003	- 19. Feb. 2004
2004	*Holz*	Affe	20. Feb. 2004	- 8. Feb. 2005
2005	*Holz*	Hahn	9. Feb. 2005	- 28. Jan. 2006